Mary Mackellar

# Poems and Songs

Gaelic and English

Mary Mackellar

**Poems and Songs**
*Gaelic and English*

ISBN/EAN: 9783337019884

Printed in Europe, USA, Canada, Australia, Japan

Cover: Foto ©Thomas Meinert / pixelio.de

More available books at **www.hansebooks.com**

# POEMS AND SONGS

# GAELIC AND ENGLISH.

BY

## MRS. MARY MACKELLAR,

BARD TO THE GAELIC SOCIETY, INVERNESS.

**Edinburgh:**

MACLACHLAN & STEWART, 64 SOUTH BRIDGE.

INVERNESS: JOHN NOBLE.    OBAN: J. W. MILLER.

1880.

LE A CHEAD

SONRAICHTE FHÉIN,

THA MI 'CUR NAN DUANAGAN SO

A MACH

FO SGÀILE SGIATH CHAOIMHNEIL

CARAIDE DÌLEAS

AGUS FEAR-TAGRAIDH

MO DHÙTHCHA, MO SHLUAIGH,

AGUS

MO CHÀNAIN,

PROFESSOR BLACKIE.

# CONTENTS.

# CONTENTS.

# GAELIC AND ENGLISH POEMS.

---◆---

## ORAN DO BHAN-RIGH VICTORIA.

AIR DHOMH AN LEABHAR AIG A MÒRACHD RÌOGHAIL
A LEUGHADH.

FONN:—"*Coire Cheathaich.*"

CHA'N 'eil Bàrd riabh a rinn dàn duinn,
    Cruit no clàrsach a sheinn dhuinn ceòl,
Air mnaoi ghràidh nach do luaidh le mànran
    'Us e ga 'h-àrd-mholadh mar a b'eòl.
Mo chruit-sa, gléusam a nis do théudan,
    A chum gu h-éibhneach thu 'dheanamh sgeòil
Mu mhnaoi àillidh a tha gu stàtail,
    Air cathair àrdaicht' os ceann gach feoil.

A shliochd nan leòmhann 'bha greadhnach lùchairteach,
    'S beag an t-ioghnadh ged 'tha thu còrr,
'S fuil nan Stiùbhartach rìoghail cùirteachail
    'G éirigh lùthchleasach ann 'ad phòr;
Na feara calm' d'am bu dùthchas Alba
    A dheanamh feara-ghnìomh 's a sgapadh òir.
Bha'n dream ud ionmhuinn le luchd nan Garbh-chrìoch,
    'S bhiodh iad 'g an leanmhuinn le h-carbsa mhòir.

O 's i do mhàthair 'thug dhuinn an oighreachd
    A thog thu 'd mhaighdinn gun mheang, gun bhéud,
Gu soilleir boisgeil, mar rogha daoimein
    A dheanamh soillse 'am measg nan céud.
Am mathas saoibhir, làn bàigh 'us caoimhneis,
    'S do rìoghachd aoibhneach á luach a séud,
Gun uaill gun mhòrchuis, làn tùir 'us còlais,
    A rinn do chòmhradh mar cheòl nan téud.

B

'S mar thig an driùchd a nuas le ùrachadh
   Air na flùrain 'bhios scargta fann,
Thug buaidh do chùirt-sa gu fiorghlan fiùghanta
   Fàs air subhailcean a bha gann.
'S e sud, a Bhan-rìgh, a chuir ar n-ùigh ort,
   'Us cha b' e'n crùn a bhi air do cheann.
'Us 's e 'chuir cliù ort air feadh gach dùthcha,
   Mar oiteig chùbhraidh de thùis nam beann.

O 's mòr an gràdh 'thug thu dh'obair Nàduir!
   'S tha'n aigneadh àrd ud ag iarraidh lòin,
Feadh gach àrd charraig, gleannan fàsachail,
   Glac 'us càrn mullaich, màm 'us sròn,
B' e'n seòmar uasal leat lagan uaigneach,
   Le d'ghillean uallach aig do thrà-nòin,
'S bu fhlùran suaicheant' leat raineach uaine
   'S an roid 's an luachair 'bhios anns na lòin.

'S a' mhaduinn Shamhraidh cha b'ann na 'seòmar
   A gheabhteadh 'bhan-tighearna 'tha mi 'seinn,
'Us grian a' dòrtadh gu boisgeil bòidheach
   A gathan òrbhuidh air ceò a' ghlinn,
Ach 'gabhail sòlais 's an ùrachd ghlòrmhoir
   'S ag éisdeachd ceòlraidh nan eòinean binn'
Le ribheid shiùbhlaich a' cur na smùid' dhiubh
   Mu thimchioll lùchairt nam baideal grinn'.

O 's ioma bliadhna bho'n bha thu caomh leinn,
   A chionn mar thaobh thu ri Tir-nam-beann,
A chionn do mhiann 'bhi air frìth 'us fraoch,
   'Us do dhachaidh aobhach 'bhi 'n cois nan gleann
Ceòl na pìoba 'bhi 'd thalla rìoghail,
   'S ar breacain rìomhach 'bhi air do chloinn,
Ach thug thu'n dràsda gu tur fo chìs sinn,
   'Us ghoid air crìdh'chan le sgrìob de d'pheann.

'Us tha mac-talla ri iolach éibhneis
   Air feadh nan sléibhtean 's nam beanntan cian'
'Us clann nan Gàidheal mar dhaoine ìotmhor,
   A gheabhadh fìor-uisge mar am miann.

'S do mholadh binn orra fhéin 's an tìr,
　　A bhi air a sgriobheadh 'an cainnt nam Fiann,
Is bidh a' Ghàidhlig a nis 'am prìs,
　　Ged a theirteadh uimp' gu'n do laidh a grian.

Co a dh'innseas dhut mèud an éibhneis,
　　A dhùisg an sgéul ud 'am measg an t-sluaigh?
'S cò a léughas dhut mèud ar spéis dhut
　　A mhàldag chéutach nan ioma buadh?
'Us ma thig nàmhaid ort nall thair sàile
　　Bheir mic nan Gàidheal dha blàr 'bhios cruaidh,
Ged 's gann an àireamh, 'us caoraich bhàna,
　　'S gach gleannan àrd anns am b'àbhaist tuath.

Bu tu 'bhanacharaid, bu tu 'mhàthair,
　　Bu tu bàn-righ nam flaithean tréun'
Gheabh aircich tròcair, 'us truaghain deòir bhuat
　　'Us iochd gheabh fògraich na'n dùthchan céin',
Bu tu 'bhean chàirdeil do'n fhiùran àluinn
　　A chuir le 'ghràdh air do làithibh sèun,
An léug a's luachmhoir' 'bha 'd'choron rìoghail,
　　'S chuir Rìgh nan Rìgh i na 'choron fhéin.

A ròis a's àillidh, a mhiann nan Gàidheal,
　　Nis guidheam làithean dhut a bhios buan,
'An sìth 's an sòlas, le beannachd sònraicht'
　　Le buaidh 'us glòir air tìr-mòr 'us cuan;
'S mar 'chuir thu deadh-shìol 'ad thìr 's 'ad theaghlach,
　　A bhan-rìgh ghreadhnach, thu 'dhcanamh buain',
'S ged dh'fhéudas pàirt 'bhi gun bhuain an dràsd' dheth,
　　Bidh saibhlean làn' agad air Là-luain.

'S 'n uair 'thig gu d'iarraidh an teachdair' dìomhair,
　　'S is éiginn triall bho gach onoir mhòir,
Guidheam Crìosta 'bhi 'cumail dìon' ort
　　Fo sgàil a sgiath' bho'n is e 'bheir fòir;
'S mar théid a' ghrian gu làn deàrrsadh sìos
　　Fo chùirtein sgiamhach nam badan òir,
Biodh do thriall-sa 'an sgèimh na diadhachd
　　Gu coron sìorruidh 'an rìoghachd na glòir'!

## DUANAG.

An uair a bhà mi mu fhichead bliadhna dh'aois, 's mi sgrìob car nìos de'n t-samhradh aig an tigh 'an "Coire-bheag," thàinig mo bhràthair a b'òige là 'bha'n sin dhachaidh as an sgoil, 's thug e orm am fuaghal a bh' agam a chur bhuam, agus mi-fhein ullachadh gu dol a mach leis, ag ràdh gu'm b'fhèarr dhomh 'bhi 'g obair air a' bhuntàta na 'bhi 'm shuidhe stigh. "Dian òran air sin a nis," os esan, agus fhad's a bhios, tu ga 'chur ri chéile, gabhaidh mise mo bhiadh. 'S e bh' ann gu'n do thoisich mi mar a leanas :—

Fonn :—"*An cluinn thu leannain an cluinn thu.*"

An cluinn thu mi, 'Mhali,
    Ged thà thu cho bàn,
'Ad shuidhe air cathair,
    A' fuaghal le snàith'd,
Gu'm b'fhèarr dhut 'bhi 'mach ud
    Ag obair le gràb,
A' dianamh 'bhuntàt' a bhùrach.

Na'm fàgadh tu Glaschu,
    Le 'thatraich 's le 'smùid,
'S gu'n tigeadh tu dh'fhuireach
    Gu bunaibh nan stùc,
Gu'm biodh tu gu beadrach
    Mu "Bheagaig" nan lùb,
'S gu'n cinneadh tu 'd fhlùran ùror.

Us ged tha do ghruaidhean
    Cho tana 's cho bàn,
Gu'm fàsadh tu snuaghor
    Le buadhan an t-sàil,
'S do leòir òl 's a' bhuailidh
    De'n chuach-bhainne bhlàth—
'S e dh'fhàgadh tu làidir lùthor.

O, éirich 'us tiugain
    'Us théid sinn le chéil',
An àirde do'n bhruthach
    'An deaghaidh na spréidh',
'Us cluinnidh sinn òrain
    Bho eòin bheag an t-sléibh,
A's binne na téud 's an dùthaich.

O, éirich 'us tiugain,
　'Us théid sinn do'n bhéinn
Ag cluith air an leacainn,
　Tha gaithean na gréin ;
Ni thusa na h-òrain,
　'S bidh mise ga'n séinn,
'S gu'm bi sinn gu h-éutrom sunntach !

———◦◦◦———

## ORAN.

Hì rì gur mì 'tha muladach
Leam-fhéin 's an t-scòmar uinneagach,
'S mi cuimhneach' air a' bhuidhinn ud
'Tha cuideachd anns A' Chàrnaich.

Tha Peigi, Mór, 's Catrìon' ann,
Mo mhàthair agus Sìn' ann
'S ged tha mo sheanair trì-chasach,
Bu bhìnn leam fuaim a ghàire.
　　　　　　Hì rì, &c.

Gu'm bì Catrìona 'fuaghal,
Bho'n chleachd i a bhi uasal ;
'S gur h-ioma fear fo ghruaman
Nach d'fhuair e 'bhi 'cur fàinn' oirc'.
　　　　　　Hì rì, &c.

Bidh Mór ag cur ri sguabadh.
'S c'n obair 'thug i luaidh dhith ;
B'i sid an ulaidh luachmhor
Mu'n bhuailidh 'us mu'n àiridh.
　　　　　　Hì rì, &c.

Bidh Peigi dhonn nam mòr-shùl
Ag cur gach nì 'an òrdugh
'S cha'n fhaicear té a's bòidhche
'An còmblan 'am measg Ghàidheal.
　　　　　　Hì rì, &c.

Bidh Tèarlach òg 'us leabhar aig',
A' sràidcamachd feadh thomannan,
'Us " Tòiseach " bàn a' donnalaich
Le gleadhar aig a shàiltean.
                        Hì rì, &c.

Mo mhàthair 's i gu h-innleachdach,
'Cur dòigh air bòrda *teà* dhaibh,
'S an àm 'bhi 'roinn nam mìrean,
Cha bu mhisde mì 'bhi làmh rith'.
                        Hì rì, &c.

— ·•· —

## MO GHRÀDH GEAL 'S MO RÙN.

### FONN :—" *Mali bheag òg.*"

O, 's fhada bhuan a thà thu,
    Mo ghràdh geal 's mo rùn ;
Ged b'e mo mhiann 'bhi làmh riut,
    'S a ghnàth 'bhi riut dlùth ;
Tha'n saoghal dhomh na sgàile,
Gun nì ann a ni stàth dhomh,
'S nach cluinn mi guth do mhànrain,
    Mo ghràdh geal 's mo rùn.

O, 's fhada mi bho d'chaoimhneas,
    Mo ghràdh geal 's mo rùn,
Ged b'e mo chulaidh-aoibhneis
    'Bhi sealltainn air do ghnùis ;
Do shùil tha mar an oidhche,
'S na réultan innt a' boillsgeadh,
'S gur h- éibhinn leam a-soillse,
    Mo ghràdh geal 's mo rùn.

'S ged 'bhiodh càch 'an diùmb rium,
    Mo ghràdh geal 's mo rùn,
Cha chuireadh sid orm cùram
    Ach thusa 'bhi rium dlùth.
Gu'm beil thu dhomh cho ùror
'S, a luaidh, a bhiodh do'n fhlùran,

Boinn' iocshlàinteach an driùchda,
    Mo ghràdh geal 's mo rùn.

O, 's binn leam-fhìn do chòmhradh,
    Mo ghràdh geal 's mo rùn,
'S bu mhilse leam na'n smeòrach,
    An ceòl bho d'bhilean ciùin.
Gur caoine na na ròsan,
Leam d' anail 'us do phògan,
'S gu'm bi mo luaidh ri m' bheò ort
    Mo ghràdh geal 's mo rùn !

---

## VERSES FROM MY SCRAP-BOOK.

The following fragments appeared in *The Ladies' Own Journal*
under the above title.

I GAZE towards the glowing east
    At morning, noon, and eve,
And quietly my soul doth feast
    On dreams that fancy weave.
Methinks they whisper o'er the tide,
    "Come, darling, fly to me ;"
And I could think I'm by thy side,
    So near I seem to thee.

Oh, would that I could fly to thee,
    And nestle in thy breast !
And well I know that I would be
    To thee a welcome guest.
Oh, were I there, how greedily
    I'd kiss thy rosy lips !
As greedy as the hungry bee,
    From flowers their nectar sips.

Can an amaranthine flower
Bloom within an earthly bower?
    Whilst the past we calmly scan,
Where the flowers that graced life's morning,
Seared and scattered, speak in warning,
    Dare we think it ever can !

Let us bind our hearts, my brother,
Close to Christ and to each other;
    Then we'll hope our love to be
Fadeless in its fresh young beauty,
Changeless in its sense of duty,
    A green isle in life's rude sea;

Where, amidst the ceaseless battle,
Sabre's flash and cannon's rattle,
    Joy may find a keener zest;
Where we with a smile, my brother,
Or a word, can cheer each other,
    Till we reach the goal of rest.

———————

I want you, dear ones, I want you;
    My soul is day and night
Stretching her wings towards you,
    As for her homeward flight.
But the way is dark and eerie
    On which alone I stray,
The wings all broken and weary,
    And the home far away.

Oh, for one precious golden hour
    Beyond yon frowning hill;
Fruit from my own sweet woodland bower,
    Drink from its crystal rill!
Where grows no blade nor blossom,
    Low on the earth I lie;
My wings o'er my bleeding bosom
    I fold, and long to die.

———————

Wherefore blame me so for blindly
    Nursing that which must decay?
Wherefore bid me so unkindly
    Thus to cast my flower away?

All the beauteous things I cherish,
    All the poetry of earth,
Would with my sweet flow'ret perish,
    All the joy and all the worth.

Unto me this plant was given
  By His hand who all things know;
And it must be meant for Heaven,
  If on earth it cannot grow.

Suffering ones, who oft in weeping
  Do their seedlings sow and tend,
Still expect a time of reaping,
  Trusting Him who knows the end.

So I'll keep my precious flower,
  Tending it with smile and tear,
Waiting for the golden hour
  When its blossoms must appear.

————

When our heart's deep love is slighted
  By those for whose smiles we languish,
When our fondest hopes are blighted,
  And high swell the waves of anguish,
Why should we be found repining
  Though our souls are deep in sorrow?
Hope's bright star is sweetly shining
  On the pale brow of the morrow.

Though the dearest ties are broken,
  Though by all the world forsaken,
Though the cruel word is spoken
  By the lips that joy could waken,
Why should we be found repining?
  Far above each cloud of sorrow
Hope's bright star is sweetly shining
  On the pale brow of the morrow.

What about life's ceaseless battle?
  Let our course be ever onward;
Words of strife like children's prattle
  Sound, when we look sky-ward, sunward.
Still there is a silvery lining
  To the darkest cloud of sorrow;
Hope's bright star is sweetly shining
  On the pale brow of to-morrow.

## CUMHA LE LOCHIAL

An éiginn dhòmhsa, Triath nam beann,
'Bhi'm fhògrach fann air feadh nan stùc,
'S gu tosdach scalltainn ort 's do cheann,
A thalla aosda anns an ùir !

Loisg na Dearganaich gu làr
Gach baideal àrd de'n dachaidh ghaoil,
'S an tric a fhuair mi fois 'us blàs,
Air tilleadh dhomh bho àr nan laoch.

'N uair 'thogadh sìth a bratach suas
'S a bhithinn-sa le m' thuath-cheathairn' fhéin
Tigh'nn luchdaichte gu tùr nam buadh
Bho'n chreachann fhuar 's am biodh na féidh.

Bu phailt am fìon 's bhiodh pìob air ghléus,
'S i caithreamach mu'r n-éuchd 's a' bhlàr ;
'S trath 'bheircadh seanchaidh greis air sgéul,
Mu ghnìomhannan nan tréun a bhà.

Bhiodh crìdh' gach cuiridh laist' na 'chóm,
'S e ann am fonn gu 'bhi 's an àr ;
Gach Camshronach 's a bhóid gu tróm
Gu 'ainm 'bhi measg nan sonn 's an dàn.

'N uair thogainn-sa mo shròl a suas
'S crois-tàraidh le luas na gaoith',
Ga'n tional gu toiteal nan tuagh,
'S ann riabh gu buaidh a thriall na laoich.

Bha uamhunn air na Goill romh'n ainm,
Ged tha 'n diugh pailm Chuil-fhodair ac'.
'S i'm bàn-fhuil fhéin bhiodh fo na buinn,
Na'm biodh ar suinn gu léir na'r taic'.

A thaibhse Bhruce dean faire leam,
'Us silcamaid ar deòir le chéil'

Chuir d'Albainn fhéin an diugh air chùl
Oighre do chrùin 's mór am béud !

Ceannairc na 'aghaidh cha dian mì,
'S do choigreach mar rìgh cha lùb ;
'An aobhar tròcair their iad rium,
Thug iad bho m' Phrionnsa gaoil a chrùn.

'An Dùitsich no'n Guelphich an d'fhuair
Tròcair no truacantas tàmh ?—
Na d'ollainnich fhuiltich bho'n uaigh,
'Ghlinn-Comhann, luaidh dhuinn sgéul do chràidh.

'Us éireadh sìbhs', a laocha mór
A thuit 'an "Cuil-fhodair" nan créuchd ;
'Us innsibh 'n uair a laidh sibh leòint',
Mar rinn an "Cù" ur feòil a réub'.

Bi 'd thosd, mo chrìdh', 'us sguir a d'thùrs'
Cha'n àm gu tuireadh so no tàmh ;
Mo chreach mo làmh 'bhi'n diugh gun lùs
Gu dioghladh air son luchd mo ghràidh.

A dhachaidh àigh 'bu làn de ghaol
Gach broilleach caomh 'ad thaobh a's teach ;
'S mu'n cuairt do d'theallaich gheabhteadh faoilt',
Leis an aoighe aimbeartach.

Ged 'bhios mi'm fhògrach thall thair chuan,
Cha téid á m' chuimhn' na h-uairean òir,
A chaith mi 'measg do thulman uain',
O, 'Ach'-na-carraigh, 'm uachdran slòigh.

A nis tha lòchran sčamh na h-oidhch',
A' boillsgeadh ort, a Ghlinn mo chrìdh' ;
'S gur h-éiginn triall mu'n toir i soills'
Do dhaoidhearan a th'air mo thì.

Triallaidh mi gu gleann an fhraoich
'S am beil Prionns' mo ghaoil a' tàmh ;
Fo cheangal ciùin a chadail chaoin,
Ni tamull beag e saor bho chràdh.

1860.

### TRANSLATION OF ABOVE.

MUST I the lord of all those hills,
    A weary, exiled wanderer, roam,
And quietly view thy ruined walls,
    My own, my loved ancestral home.

The red-coats burned thy lofty dome,
    Home by a thousand ties made dear,
How glad from war or chase I've come,
    In thee my heart to rest and cheer.

When peace did her white banner rear,
    And loving vassal and his lord
Went forth to hunt the roe and deer,
    And turned to grace the festal board.

The blood-red wine in plenty poured,
    And pibrochs told of battles won,
Whilst "Senachie" would with pride record
    The mighty deeds our sires had done.

Till martial fire in sire and son
    Would burst into one glowing flame,
Whilst vows were breathed by every one,
    He'd ne'er disgrace the Cameron name.

When time to raise our banner came,
    And fiery cross had fleetly sped
To call the brave to fields of fame,
    'Twas aye to victory we led.

The Southron foe our name did dread,
    Though now Culloden's palm they bear,
They in their own pale blood might tread,
    Had all our gallant clans been there.

Come, shade of Bruce, my vigil share,
    Come o'er ungrateful Scotland, mourn,
She hath disowned thy rightful heir,
    Indignant fire, my heart doth burn.

To wear a foreign yoke I'd spurn,
    Nor 'gainst my lawful king rebel,
That crown and sceptre's from him torn,
    For mercy's cause, they're fain to tell.

In Dutch or Guelph doth mercy dwell,
    Ye gallant heroes of Glencoe,
Arise in gory shrouds, and tell
    Your mournful tale of dool and woe.

And rise, ye brave, whose blood did flow
    On dark Culloden's dreary moor,
And tell how when ye were laid low,
    That " Butcher's " hand did stab ye o'er.

Oh, hush ! my heart, and grieve no more,
    This is no time to sit and rest,
I'll hie me to a foreign shore,
    And long to get thy wrongs redressed.

Sweet home, within thee every breast
    Did glow with love and purity,
And round thy hearth the stranger guest
    Met kindest hospitality.

And though I roam beyond the sea,
    I'll ne'er forget the golden hours
When I had ruled—a chieftain free,
    'Mong Achnacarry's fairy bowers.

'Tis gore bedews the drooping flowers,
    That now bedecks each dappled dell
Around thy ruined ancient towers,
    Home of my heart, farewell, farewell !

&ast;        &ast;        &ast;        &ast;        &ast;

Now Luna's lamp lights up the glen,
    And I must hide from watchful foes,
I'll hie to where my prince has lain
    In " balmy sleep " to drown his woes.

## LONGING.

How long, O Lord! how long,
  Must I in patience wait,
Among the weary throng,
  Around Thy golden gate?

To Kedar's lonely tents
  No kindred spirits come;
And my poor soul laments
  Her distance from her home.

On bitter herbs I feed,
  On Mesech's hated hills;
The pasture green I need
  By Judah's fragrant rills.

Come in Thine own time, Lord,
  To set my spirit free;
I lean upon Thy word,
  And calmly wait for Thee.

---

## LOCHABAR.

Fonn :—" *Tha 'ghaoth niar cho caithreamach*

O, 's àrd a thà do bheanntaichean,
'S gur bòidheach fiamh do ghleanntaichean,
'S iad sgeadaichte na'n greannoiread,
    'Nuair 'thig an Samhradh òirnn.

Gur fraochach, féurach, blàth-mhaiseach,
Do thulaichean 'us d'àilcinean,
'S 'am measg do fhlùrain àireamhcar
    An lili bàn 's an ròs.

'S a' mhadainn mhuich bu chùbhraidh leam
Am fàile 'us trom-dhrìùchd orra,
Gu soilleir, braonach, cùirneineach,
    Ga'n ùrachadh 's gach pòr.

'S a chluinnteadh an damh cabarrach
'S a' chreachann àrd 's a' chamhanaich,
'S e reachdorachd 's an langanaich,
    'S an eilid ghlas na 'chòir.

'S na h-uiseagan 's na smeòraichean,
Le'n ribheid fhéin ri canntaireachd,
'S lòn-dubh nam pongan seannsaile
    'Am bàrr nan crann ri ceòl.

Tha abhnaichean de dh-fhìor-uisge
Tha soilleir mar an crìostal innt'
'S bu mhìlse leam, 'us ìotadh orm,
    Na'm fìon a bhi ga 'òl.

Mo chreach Lòchaidh nam bradan,
A bhi'n diugh fo chìs aig Sasunnaich,
O, 's tric a dh'iath sàr-ghaisgich uimp'
    Le brataichean 's le ceòl.

'S e 'chleachd na h-uaislean Abarach,
Le'n tuath-cheathairn' uallaich, astarraich,
'Bhi 'siubhal ghleann 'us leacainnean,
    A' sealg air daimh na cròic'.

'S a' tilleadh leis na ghlacadh iad,
Gu lùchairt àrd nam baidealan,
Bhiodh pìob a' seinn ard-chaisimeachd,
    'Us fìon na Spàinnt ga 'òl.

Mac Dhònuill-Duibh 's a laochraidh,
Na fir uasal, chàirdeil, dhaonnachdail,
Làn suairceis, blàis, 'us aoighealachd,
    B'iad gaol nan nìonag òg.

O, 's mairg ri'm biodh am baitealaich,
Fo'n éideadh bòidheach, breacanach,
'S pìob-mhór nan dlùth-phort tatarrach,
    Aig fear 'bu ghraide meòir.

Le'n tuaghannan glan, lìomharra,
'S le'n clàidhean-mòr nach dìbireadh,
Cha d'rugadh nàmh a chìosnaicheadh
    'S an strìth na feara mòr.

Ach sgapadh sliochd nan laocha ud,
'S na gleanntan àrd 's na h-aonaichean,
A chleachd 'bhi làn cruidh-laogh aca,
    Tha 'nis air caochladh nòis.

Gun duine air na làraichean,
Ach Goill 'us caoraich bhàn aca,
'S Mac-talla searbh dhe'n clàbaireachd,
    Gur Gàidhlig air 'n romh 'eòl.

## AN NIGHEAN DUBH GHRUAMACH.

Ho ró mo nighean dubh ghruamach,
    An nighean dubh lachdunn,
    As an Apainn,
B' ait leam fada bhuam thu.
Ho ró mo nighean dubh ghruamach.
    Ho ró, &c.

A nighean dubh chiar,
Ged 'chaidh tu'm lìon,
Cha b'e mo mhiann do bhuannachd.
    Ho ró, &c.

A nighean dubh mhaol,
Nan casan caol,
Gur beag 'tha dh'acigh 's de shnuagh ort.
    Ho ró, &c.

'S gann do chiabhan,
'S stòrach d'fhiaclan,
'S mór 'tha 'nial an fhuachd ort.
    Ho ró, &c.

'S cruaidh na 's éiginn,
'S beag mo spéis-sa,
Cléir 'bhi 'cur snaim-chruaidh òirnn.
    Ho ró, &c.

B'fhèarr leam màldag
Shùnntach, ghàireach
'Sheinneadh dàn 'us duan domh.
    Ho ró, &c.

Té 'bhiodh creagan
Ga 'binn-fhreagairt,
'N àm cadradh na buaile.
    Ho ró, &c.

Gu'm b' e'n sòlas
'Bhi ga 'pògadh,
Ann an seòmar uaigneach.
    Ho ró, &c.

Ged 's e 's dàn domh,
'Bhi 'cur fàinn' ort,
'S cràiteach leam 'bhi luaidh air.
    Ho ró, &c.

'S le cion àbhachd,
No cùis'-gàire,
Càirear anns an uaigh mi.
    Ho ró, &c.

# ORAN

DO DHUIN'-UASAL A BHA 'DOL A PHÒSADH TE NACH
ROBH TAITNEACH LE 'CHÀIRDEAN.

FONN :—"*Seann Triubhas Uilleachain.*"

Tha sgeula anns an tìr so,
'S a rìgh, tha mi muladach,
Bho'n chuala mi gur fìor e,
'S gur lìonmhor leis an duilich e.
'S air leam gu'm beil thu gòrach,
Ma phòsas tu a' chruinneag so.
'S ma's airgiod 'tha thu'n tòir air,
   'S e stòras do dhunach e.
O, 's ioma òg-bhean chuimir bhòidheach,
Nuas bho d'òige chunnaic thu ;
'S b'onoir mhòr leo fàinne-pòsaidh
Air am meòir gu'n cuireadh tu,
   'S a Dhunnachaidh, tha'n tubaist ort,
Gu'n deachaidh bùrn nan uibhean ort.

C

Ma thréig thu gu buileach iad,
Gu spéis 'thoirt do'n chruinneig so,
  Cha'n 'eil i idir bòidheach,
'Us tha i gann de dh-fhòghlum,
'Us cha'n 'eil aon ni còrr aic'
De dh-còlas no 'bhunailtas.
Cha'n 'eil air a buailidh,
Crodh druimionn no crodh guaillionn,
'S cha'n 'eil i de shliochd uaislean—
'S 'dé 'bhuaidh oirre chunnaic thu?
    Tha sgéula anns, &c.

Gur mór a tha de ghruaman
Air uaislean 's air cumanta;
'Am follais 'us 'an uaigneas,
Tha'n sluagh uile bruidhinn ort,
Thu 'chromadh sìos cho fuath'sach,
A thogail ni cho suarach,
'S gur h-iomadaidh bean-uasal
A bheireadh luaidh le furan dhut.
  Tha tàmailt na dunach
Air do chàirdean bu duineile,
'S do nàimhdean 'g iarraidh fàth
Air 'bhi 'gàireachdaich umadsa.
Mu'm faca tu'n cailin ud,
O, 's oil leam nach do thachair e,
Thu sheòladh do dh-Australia,
Ged 'b'fhad thu gun tilleadh as.
    Tha sgéula anns, &c.

'Fhir mhóir a' bhroillich àluinn,
Air sràid gur h-e'n cuiridh thu;
'S bho'n 's tù mo charaid' bàigheil,
'S e 's dàn domh 'bhi duineil riut;
'S na'm faicinn air do shealbh te
'N uair rachadh i 'ad charbad,
Gu'm biodh tu 'd chulaidh-fharmaid,
Gu dearbh bhithinn sulasach.
  Na' n taobhadh tu ri guamaig
Le meas, 'us maise, 's uaisle,
Ri faicinn ri do ghualainn,

'Bhiodh uaill òirnn 'us suigeartachd :
'S gu'n dianainn-sa gu h-éibhinn,
A' chlàrsach so a ghléusadh,
'An àit 'bhi 'seinn gu déurach
   Ri séisd Briogais Uilleachain.

---

## GEARAN AN ANMA.

Gur h-e dh'fhàg an diugh fo chràdh mi,
Miad a' pheacaidh tha na m' nàdur,
'S ged is mór a tha mo ghràin deth
Bheir e 'ghnàth dhìom cùis a dh-aindeoin.

Bha mi uair gu h-ùror bòidheach,
'Fàs a suas 'am measg nan ògan,
Meas 'as blàth orm mar chòmhla,
'S còin gu ceòlmhor ann am mheangain.

Tha mi'n diugh 'am chrìonaich shuaraich,
Mi gun mheas, gun duilleach uaine,
Mi gun sùgh, gun rùsg, gun smuaise,
Craobh gun snuagh mi 'measg nan cranna.

Salunn mi a chaill a shàillteachd
Lili 'shaltradh anns a' chlàbar
Ciod an t-aon nì a ni stàth dhomh.
'S mór an cràdh a tha air m' anam.

*Réusan a' freagairt.*

Cha'n 'eil nì ann a ni stàth dhut,
Cha'n 'eil 'feitheamh ach am bàs ort,
Flùran briste cha ghabh slànach',
'S cha ghabh sàillteachd cur 's an t-salunn.

Ciod an t-aon nì 'chuireadh snuagh
Air craoibh gun rùsg, gun sùgh gun smuaise,
Gearrar gu làr leis an tuaigh i,
'S tuitidh i gun truas gu talamh.

'S ged a thà thu tùrsach, déurach,
'S beag a nì do dheòir de dh-fhéum dhut ;

Ged bu tróm 'shil sùilean Esau,
Cha robh éibheachd dha 'bhi aithreach.

## Creideamh a' labhairt.

'Anma bhochd, ged 'thà thu truagh dheth,
Bho'n thàinig Geamhradh na gruaim' ort;
Eiridh fhathast grian nam buadh ort,
'S thig ort driùchd a nuas bho Fhlaitheas.

'S bidh tu rithist ùror bòidheach,
'S culaidh ort de dhuilleach snòdhor;
'S cluinnear guthan binn an t-Samhraidh
Aotrom ceòlmhor ann ad mheangain.

'S math an companach thu, 'réusain,
Ach 's tric a bhitheadh tu 's an éucoir,
Mur dianainn-sa dhut iùl 'us léirsinn,
'S nach leiginn do chéum 'am mearachd.

Ach 'n uair 'bhios as-creideamh còmhl' riut,
'S coltach leam ri luing 'an ceò sibh,
Gun chairt-iùil, gun stiùir, gun lòchran,
Gun fhear eòlach a ni'n rathad.

Chunnaic mis' thu'n gleann-nan-cnàmhan,
'Dùsgadh teagaimh anns an fhàidhe,
'N uair a shéideadh gaoth nan gràsan,
'S ann 'chaidh tù le d'nàire 'm falach.

'S thuirt thu ris a' bhuidhinn dhéuraich,
A lean Iosa 'chaidh a chéusadh,
Nach dianadh e tuille éirigh,
'S nach biodh éibheachd dhuibh na 'bheannachd.

Dh'éigh Iehóbha bho na h-àrdaibh,
'S mar thog Samson geatan Ghàsa,
Thog es' geataichean a' bhàis leis,
'S bha Hosanna 'n cùirt nan aingeal.

'S ioma maide 'bh'aig an diabhul,
'Us a cheann na 'chaoir 's a' ghrìosaich,
'Chaidh gu gaisgeil bhuaith' a spìonadh,
A chur 's an fhìonan 's tus' a'fanaid.

'S iad an diugh na'n ùr-chroinn àluinn,
Air bruachan na h-aibhne 'm Pàras,
'S ainglean ri h-aoibhneas mu'n àilleachd
A chuir gràsan air gach faillein.

——————

# MARBHRANN.

## DO THÈARLACH STIUBHART CAMSHRON.

### (*Mo bhràthair a b'òige.*)

'S BEAG ioghnadh ged dhòirteadh mo dheòir-sa gu dlùth,
'S mo bhràthair òg gràdhach ga 'chàradh 's an ùir,
Anns an fhuar leaba bhuain as nach gluais e 's nach dùisg
Gu Là-Luain 'n uair a luaisgear an saoghal.
Gu Là-Luain, &c.

Leigheas air mo leòn cha dian eòlas an léigh,
'Fhir nam blàth-shùilean mòr 'bheireadh sòlas do m'chrìdh'.
Cha dùisgear le ceòl thu 's do phòg cha'n fhaigh mì,
'S trom do shuain stigh fo dhuathar nan craobha.
'S trom do, &c.

'S cha'n ioghnadh, a Thèarlaich, do d'mhàthair 'bhi 'tùrs',
'S trom aobhar a cràidh 'us do thàmh-s' anns an ùir,
Far nach cluinn i guth mànrain bho d'bhlàth bhilean ciùin :
'S fliuch a gruaidh bho'n Diluain 'rinn thu caochladh.
'S fliuch a gruaidh, &c.

Oig ùir bha thu fòghluimt' thair mòran de chàch.
Air cruaidh cheistean domhain bha d'eòlas ro àrd,
Bho d'òig', ann an gliocas, 's an tuigs' thug thu bàrr :
'S gu'n robh suairceas 'us uaisle 'cur aoigh' ort.
'S gu'n robh, &c.

B'e do mhiann air gach àm 'bhi ri rannsachadh géur
Air nàdur gach blàth 'bhios a' fàs anns an fhéur ;
Air gach àile 's an iarmailt, 's gach miar de'n rian-ghréin ;
Och, bu luath 'ruith do chuairt anns an t-saoghal.
Och, bu luath, &c.

'S 'n uair a dhianainn-sa duan cha bu duais leam an t-òr,
Làimh ri thus' 'bhi ga 'séinn 's tu 'bhi éibhneach 'am cheòl :

Crocham clàrsach nan téud nis air géugan a' bhròin,
'S gun thu, 'luaidh, ann gu cluas thoirt do m' shaothair.
       'S gun thu, 'luaidh, &c.

Shearg ùr-ròs ar gàraidh—laidh sgàil air ar grian,
Tobar-sòlais ar fàrdaich air tràghadh gun diar—
Tobar-gaoil a bha làn, 's b'e 'bhi pàirteach a mhiann,
'S e mo chruadal cho luath 's 'chaidh a thaomadh.
       'S e mo chruadal, &c.

Nis ged bhrùchdas na flùrain romh ghrùnnd anns a'
       Mhàigh,
'Us na h-eòin a' séinn ciùil air gach dlùth mheangan àrd,
Ar sòlas cha dùisg iad—'s neo-shùnntach ar càil,
'S tusa bhuainn an diugh, 'luaidh de na daoine.
       'S tusa bhuainn, &c.

Ach ge mòr sinn ga d'chaoidh, och, cha'n fhaod sinn 'bhi'n
       gruaim,
Bho'n 's i toil an Athar naoimh rinn, a ghaoil, do thoirt
       bhuainn,
'S sinn 'an dùil gu'm beil thù 's an Ierùsaleim nuaidh,
Trìd na buaidh' tha'm fuil luachmhor 'n Fhir-shaoraidh.
       Trid na buaidh', &c.

Soiridh leat, ma tà, 's ged, a ghràidh nach tig thù,
Coinnichidh sinn gun dàil ann an àros na mùirn',
Far bheil craobh-na-beatha 'fàs 's nach tig bàs òirnne
       dlùth,
Soiridh bhuan gus an uair sin, a ghaoil, leat.
       Soiridh bhuan, &c.

— ••◦• —

## ON DREAMING OF A YOUNG BROTHER WHO HAD DIED SHORTLY BEFORE.

AND is this but a dream, my best?
    And art thou not to stay with me?
And thou in smiling beauty dressed,
    As thou wert always wont to be.

A clustering mass of golden brown
    Falls o'er thy forehead high and fair ;
A halo bright—a nobler crown—
    Is shining on thy beauteous hair.

Serenity sits on thy brow,
    And truth beams in thy clear glad eye ;
All traits that nobleness avow
    Do in each speaking feature vie.

Thirsting for wisdom's every rill
    Long ere the down was on thy cheeks,
Thou fain would'st climb the towering hill
    Where knowledge to her votaries speaks.

The mount was steep, and eager thou ;
    The labour wasted thy sweet breath.
Bright-gifted youth, alas ! that thou
    Art laid so low to sleep in death !

'Midst joys no earthly tongue can count,
    A citizen thou art enrolled,
Where wisdom thou drink'st at the fount,
    And knowledge all her gems unfold.

No prison-house of fragile clay
    Now breaks the pinions of thy soul ;
No trammelling to clog the way,
    Or keep thee from thy glorious goal !

Then, Charlie, brother dearest, best !
    I would not have thee stay with me ;
Hie, hie, then to thy glorious rest,
    And I will seek to follow thee !

---

## THE PEASANT GIRL TO THE LADY.

WITHIN yon old baronial hall,
    Rich mantled o'er by ivy green,
Methinks I see thee sit, in state,
    Fair lady, in thy silken sheen.

The costly diamonds in thine hair
    Are gleaming in each golden braid,
Thy form so stately, gayly draped
    With costly velvet and brocade ;

Whilst I alone upon the hill
    The wild rose in my hair do twine ;
I fain would ask thee, lady fair,
    Hast thou a nobler soul than mine ?
I love my God, I love my queen,
    My friend, my country, all my race :
I fear for nought, I've stood serene
    When death had met me face to face.

I'd on my foe no vengeance wreak,
    I'd scorn an action that was mean,
I would not tread upon a worm,
    Nor would I cringe before a queen.
No gold have I, no costly gems,
    No servile host my smile to woo,
My riches are the wealth of love
    I daily get from not a few.

Away in yonder old grey church,
    As we one day sat side by side,
I thought about the social gulf
    That widely did us twain divide.
And yet the gulf yawns not so wide,
    But fools may bridge it with their gold :
How oft to an aspiring " Jeames '
    Has Lady " Angeline " been sold.

But if beneath thy costly robe
    Thy heart beats true, with kindness fraught.
If innate greatness fills thy soul
    With high resolve and lofty thought,
Then, standing on the ground of mind,
    The gulf is spanned 'twixt thee and me ;
In heart and soul the peasant girl
    Dares to claim sisterhood with thee.

# LUINNEAG.

A RINN MI UAIR A FHUAIR MI DEOCH DE DHRUCH UISGE
'AN HANÒBHER.

Fonn :—*O hi-rì, ho raill ó,*
  *Raill ó, ho raill ó;*
  *O hi-rì, ho raill ó,*
  *Mo chridhe trom, 's cha neònach.*

'S e 'chuir mis' a dhianamh duain
'Mhiad 's a chuireadh orm de ghruaim,
Leis an deoch de uisge ruadh
A fhuair mi 'an Hanòbhar.
   O hi-rì, &c.

'S ainneamh 'chaochail sruth os cionn
A' chlàbair a bha ann an grùnnd
Na h-aibhne a bha 'ruith gun sunnt
Le bùrn nach tugadh sòlas.
   O hi-rì, &c.

Coma leam an t-uisge glas,
Coma leam a dhreach 's a bhlas,
'S mór gu'm b'fhèarr na feadain bhras
A thig bho chais' nam mòr-bheann !
   O hi-rì, &c.

Cha robh fionnarachd ann riabh
Mar 'bha'n sruthanan nan sliabh,
'Chuireadh fallaineachd 'an cliabh
Gach ìotmhor a ni òl asd'.
   O hi-rì, &c.

'S i mo rùn-sa Tìr-nam-beann—
Abhainn fhìor-uisg' anns gach gleann :
Torman binn aig mìle allt,
'S iad mar bhean-bainns' 'n òrdugh !
   O hi-rì, &c.

Còmhdach mìn-fheòir air gach bruaich,
Laist' le ròsan 's bòidhche snuagh ;
'S gur h-ìocshlainteach a sruthain fhuar,
Nach cruadhaich a' ghaoth-reòite.
   O hi-rì, &c.

A thìr an fhìor-uisg', 'thir mo chrìdh',
'S beag an t-ioghnadh ged a bhìodh
An ròs 's an lili ag cur strìth
'An gruaidhean mine d'òigridh !
O hi-rì, &c.

'S neartmhor d'osag leam, 's gur h-ùr
Ag éirigh luchdaichte le tùis,
'N uair 'tha 'ghrian ag òl an driùchd
Bho d'thrusgan flùrach, bòidheach.
O hi-rì, &c.

Cha b'ioghnadh Deòrsa 'bhi 'an diumb
Ris an Og d'an d'thug thu rùn ;
Bu tu'n neamhnaid ann a chrùn,
A's cha b'i dùthaich 'òige.
O hi-rì, &c.

'S ged tha mis' an so air chuairt,
Tha ' Gleann-Comhann ' éutrom luath ;
'S 'n uair a théid a siùil a suas,
'S ann tuath a ni i seòladh.
O hi-rì, &c.

'S 'n nair 'ruigeas mi tìr an àigh,
Tìr mo dhàimh 'us luchd mo ghràidh,
Nàile, théid mi-fhìn gun dàil,
A dh'òl mo shàth á Lòchaidh.
O hi-rì, &c.

HARBURG, HANÒBHER,
*Meadhon an Fhoghair*, 1866.

---

## A FRAGMENT.

We meet with thousands in the world
   Whose friendship we would never woo,
Whose sympathy we could not brook,
   Their pity would but gall imbue.
Sometimes we meet with those to whom
   Mysterious cords our spirits bind ;
Friendship or love comes at the call
   Of that sweet something undefined.

One look in which the souls have met
  Can make a stranger's image prove
A changeless bliss within our breasts,
  Embalmed in its own silent love.
A voice wakes in our hearts a chord
  We ne'er again can hush to rest ;
Its music like some mystic psalm
  Comes whispering o'er life's cheerless waste.

---

## A CHRISTMAS SONG.

COLD winter from his icy throne was banished,
  And spring's pale beauties came in joy to reign ;
The summer roses sweetly bloomed, then vanished,
  And winter sways his blighting power again.

Another page of life's brief record written,
  The same old mingling of our smiles and tears ;
Of joys by sorrows from their bowers beaten,
  Of love and gladness chased by cares and fears.

The bridal pomp forgotten on the morrow
  Amidst the sable pageantry of woe ;
Next day love's kisses on the cheek of sorrow
  Making joy's embers into brightness glow.

Change is the law by nature's changeless order,
  But sin is not ; and, in the race we've run,
We've filled the pages of the stern Recorder
  With wrong things cherished, duties left undone.

We've joyed to sit in judgment on another,
  And cast our stones in Pharisaic pride ;
Forgetting, in our zeal to slay a brother,
  Our own Cain hearts with lusts uncrucified.

Our sword and shield laid down, at honour's peril,
  To some vain idol, lightly to carouse ;
Or lost, through listlessness, the victor's laurel
  That angel hands held ready for our brows.

Some trodden gem lay at our feet unheeded.
   Whilst, in our blindness, we have cherished stones;
We freely poured our balm where 'twas not needed,
   Deaf to the wounded's bitter cries and moans;

Crushed tender buds that fain would bloom for heaven,
   Struggling for life among the thorny sod;
Hushed the faint notes to some frail wanderer given,
   To pour his pæan on the ear of God.

On Cæsar's shrine we've laid our temple shekel;
   Faith's wings are trailing, and our aims are low;
A mystic finger on each act writes "Tekel,"
   And motives blackened what we deemed like snow.

Ah! what a retrospect!—ah! what a reck'ning!
   With feet unwashed, soiled robes, and broken palms,
Whilst crownèd saints our souls are daily beckoning
   To where they sing their hallelujah psalms.

O Thou whose majesty and holy grandeur
   Made even the smallest of Thy deeds sublime,
Who walked the earth in truth's unborrowed splendour,
   Our great Example to the end of time.

Ashamed we cower 'neath Thy robe of whiteness,
   Praying each passing year us all to find
Nearer the image of Thy glorious brightness,
   In sinless lives and loftiness of mind.

---

## VERSES FROM MY SCRAP-BOOK.

When the aching soul is holden
   In the darkness that enshrouds,
Not a gleam of sunshine golden—
   Not a rainbow in the clouds.
Oh, the anguish! oh, the sorrow,
   Of the burden borne alone,
Of the grief for which no morrow
   Gives a promise to atone!

When we can our wounds discover,
  All our heart-aches and our pain,
Unto friend or unto lover,
  'Tis like sunshine 'midst the rain.
And the words so kindly spoken,
  And the warmly beaming eye,
Turn our sorrow to a token
  Of a love that cannot die.

'Tis the sigh that comes unbidden
  From the soul by anguish torn;
'Tis the grief that's deeply hidden,
  When the mask of smiles is worn;
'Tis the silent pain that shatters,
  When the soul must make each flower
That upon the grave she scatters
  Seem to grace a festal bower.

# A RESPONSE TO THE FAREWELL TO EDINBURGH

### OF MRS. HARRIET MILLER DAVIDSON.

FARE-THEE-WEEL, my songbird,
  My blessing gang wi' thee,
Gentle be the breezes
  That waft thee ower the sea.

'Mang a' so fair and lovely
  Thou sweetly sang as mine,
Nought had a grace or beauty
  That brighter shone than thine.

I've watched thee in thy childhood,
  So fu' o' life and glee,
A bonnie bud o' promise
  On a grand old forest tree.

Thy beauty brought a gladness,
  A freshness day by day,

Like the first rose that blossoms
  On the bosom o' the May.

A freshness aye that made me think
  O' sunshine and o' flowers,
O' warbling birds and gushing streams,
  And fragrant summer bowers.

Thine eye so kindly beaming
  Gave a more beauteous licht
Than ony star that sparkles
  In the jewelled croon o' nicht.

And when a thochtfu' matron,
  Wi' thy bairnies in thine arms,
A softer flood o' sunlicht
  Was haloing thy charms.

A child in sweet simplicity,
  A maiden's witchin' wiles,
A woman's noble tenderness,
  An angel's loving smiles.

Return again, my songbird,
  And warble fu' o' glee,
Come, gladden my auld heart again,
  Lang, lang, afore ye dee.

Tho' thou mayst spend in exile
  Thy glorious harvest time,
Oh, come and pass thy winter
  In thine own native clime.

And tho' youth's passion may be chill,
  Thou'lt get a welcome hame ;
I'll weave a bonnie chaplet
  To croon my child of fame.

And I will keep a quiet nook
  Within my auld grey breast,
Where thou, my ain dear bairn, mayst sleep,
  And nought disturb thy rest.

## THE LONE MAIDEN.

Your history, oh, transient flowers of earth !
   Is beautiful and brief;
Oft whilst your buds are in their early birth
   Pale death assails the leaf.

Even so has passed away my joyous dream :
   There is nought remaining now
But the shaded light that its golden gleam
   Has left upon my brow.

And the sore pain that, like a wearied steed,
   Would fain lie down to sleep,
Whilst memory maddens it anew to speed,
   Planting her rowels deep.

Speed on, mad pain, and beat thou down the heart—
   The brow can still be calm ;
Though memory often acts a cruel part,
   She gives me soothing balm.

For all that she to my soul recalls
   Of those dear bygone hours
Is pure as the taintless dew that falls
   Upon the silent flowers.

It is not conscience gives the aching wound
   That crimsons thus my vest ;
I'd rather treading on the thorns be found,
   Than plant them in my breast.

O'er them I followed duty's cheerless face
   With feet that sorely bled,
Whilst love was beckoning with a winning grace,
   To where her flowers were spread.

'Tis hard the gift that gold could not have bought
   Was lavished in vain,
'Tis bliss to know my soul without a blot,
   My hand without a stain.

# LINES

## ON BESSIE G. COLQUHOUN.

In beauty on its parent stem
  I saw a bright wee rosebud smile,
A lovely fragrant little gem,
  I watched its opening for a while.
I wished to screen my fragile flower
  From wintry winds, from frosts and snows,
To keep it in some sunny bower,
  A precious amaranthine rose.

A voice said, Hush! dost thou not know
  No amaranth on earth can bloom;
Death breathes on all things here below,
  The world's one universal tomb.
The rain will on thy blossom beat,
  The tempest ruffle its repose;
But yet the sun will give its heat,
  The dew its vigour, to thy rose.

Ask nought; but when its leaves will fall,
  In nature's course, into the grave,
'Twill have so richly bloomed that all
  Will miss the gladness that it gave;
And when in the great spring again
  Thy bud its beauties shall disclose,
That by life's river it may then
  Be found an amaranthine rose.

---

# WRITTEN ON A VALENTINE SENT TO A CHILD.

My sweet wee rosie posie dear,
  My fairy queen of flowers;
My violet, bright and beautiful,
  In childhood's golden bowers.
My little ducksadearic,
  'Mong all the gems that shine;
My piccaniny, pure and blest,
  Wilt be my valentine?

Tho' I'd not wound my valentine
  With Cupid's fiery dart,
I'd like a little corner in
  My chickabiddy's heart.
I do not want the little fay
  For life to be my rib,
But I'd like a little prayer at night
  From Bessie's little crib.

---

## LINES WRITTEN NEAR AULTNACRAIG, OBAN.

O'ER Morven's peaks bright glowed the golden west,
  And I sat down upon a heath-clad hill
To list the brook sing its sweet psalm of rest,
  As on it rippled past the silent mill.
So full of glory was the gorgeous scene,
  Where seemed the beauties of all lands combined,
The gay heath 'mong a thousand shades of green,
  The ivy around tree and rock entwined.

The music of the bee, the bird, the brook,
  The mirrored sea, where mountains gazed with pride,
The hoary crag, the flower-bedappled nook,
  The stately trees thro' which the zephyrs sighed.
The crystal fountains and the fragrant air,
  So cool and pure, and as the sun went down,
The lingering glory crowning every where
  The lovely braes beyond sweet Oban town.

The brook was hymning to the old grey mill,
  As on it rippled to the silvery sea,
And I beheld another on the hill
  Who seemed to listen to its minstrelsy.
Strangely in keeping with the scene sublime,
  His flowing locks bathed in the mellow light
Like some grand chieftain of the olden time
  Taking his rest from weary chase or fight.

Friend of our mountain land, our tongue, our race,
  The sunbeams haloing thine hoary head

D

Are not the noblest crown that doth thee grace,
  Learning and virtue round thee virtue shed.
When musing in those bowers at morn or eve,
  Tho' fancy with her beauteous wings a-fold
No longer youth's own fairy visions weave,
  Be thine, O Blackie, countless thoughts of gold.

From the rich chalice of the ancient sage,
  Get precious draughts for the aspiring youth,
Unseal the beauties of the classic page,
  To fire his soul with nobleness and truth.
Then bright young reapers to the harvest come,
  Led by thine eye will bind their golden sheaves,
And when they sing their joyous harvest home,
  They'll bless the hand that gave their laurel leaves.

## BIRTHDAY ACROSTIC.

W allace, be thou as Wallace brave,
A s Wallace be thou good and great,
L oyal and noble, kind and grave ;
L ove all that's good, the evil hate.
A s God gives spring her countless leaves,
C rowns summer with the fragrant rose,
E nriches autumn with her sheaves,

K eeps for the winter frosts and snows,
E ven so thy spring be glad dear boy,
N o blighting frost of care or pain,
T hy manhood crowned with purest joy.

C hoice be thy store of garnered grain ;
O f winter days we must not dream ;
L o, golden crocus, snowdrop white,
Q uickly upspring where sun's warm beam
U pon the earth pours silvery light ;
H ow bright the promise, and how blest !
O h ! may it to fruition rise,
U ntil, earth's birthdays o'er, thou'lt rest
N ear to God's throne in Paradise !

# THREE SONNETS

## ON THE BAPTISM OF EDITH CONSTANCE COLQUHOUN.

### I.

EDITH, sweet child, as on thy fair young brow
 So softly falls the pure baptismal shower,
May Heaven record and seal the solemn vow,
 And bless thee with a more than earthly dower.
Not as the insect of the passing hour,
 That lightly dances in the noonday ray,
Nor as the summer's gaily painted flower,
 That gives its gladness but one fleeting day.
Be thy life, Edith, good and pure alway;
 In storm or calm mayst thou be ever found
 A noble woman treading duty's round,
Strong as an oak—soft as the rose of May.
 Enjoy thy youth—be happy; yet maintain
 A soul washed pure from sin's defiling stain.

### II.

Pure as the snow upon the mountain top,
 Be thou, sweet child, thro' all the changeful years,
Life-giving as the evening's crystal drop
 To those the hot noon of the world sears;
Breathing all sweetness that a soul endears
 To Heaven's white throng or to the good on earth,
Soothing rude sorrows, smiling away tears,
 Making an Eden round their own dear hearth,
 Where wisdom, smiling amidst thoughtful mirth,
Will clothe thee in serenity and peace;
From carking cares will give thy soul release.
 Duties well done to daily joys give birth.
The wealth won in the shadow of the Cross
Makes crowns and empires seem but passing dross.

### III.

I might have wished thee a more joyous life,
 Queen-leader of the festive throng or dance,
Instead of urging thee unto the strife
 To fight life's battles with thy fragile lance.

But, ah ! fair maiden, as I upward glance
    Towards yon beautiful blue starry dome,
And think that we can live our lives but once,
    I fain would keep thee treasured in thine home ;
    The world's touch upon thee lighter than foam
That leaves no impress on the silvery tide ;
Thy pure affections filling a circuit wide ;
    Thine heart from its true pole-star ne'er to roam ;
Pouring thy spikenard on His blessed head,
Whose wounds to wash thee have so freely bled.

---

## THE OLD MAN TO HIS FIRST LOVE.

Oh, when the day of passion's fled,
    And softly by life's gliding river
We gather flowers to grace our dead,
    From all but mem'ry gone for ever,
The fairest wreaths I'll daily twine
    Of every tender leaf and blossom
To lay upon the hidden shrine,
    Still sacred to thee in my bosom.

Though life's bright noon hath passed away,
    With all its tales of love unspoken,
My beauteous rosebud, 'neath its ray,
    Untimely fallen, crushed, and broken,
I'll keep its seared and withered leaves,
    And find in them as pure a pleasure
As doth the farmer in his sheaves—
    The generous autumn's golden treasure.

Thy love has kept me oft from ill,
    When I afar in youth went roaming,
And thy sweet power is on me still,
    When walking softly through life's gleaming ;
Thy mem'ry kept my spirit young,
    For still I felt I was thy lover ;
And how could I, sweet, e'er do wrong,
    Believing thou didst near me hover?

For thou so gentle wert and pure,
    And now, when other ties have bound me,
No mortal band seems to endure
    Like that in which thy love hath wound me.
As through a sacred fane, I rove
    Where thou didst first my fancy capture,
And though we never spoke of love—
    Ah! well we knew the passion's rapture.

Adown by yonder crystal brook
    I see thee yet among the flowers—
Thy beaming smile, thy radiant look—
    A fairy in her woodland bowers;
And in the bonnie hazel dell
    I hear the music of life's morning—
Thy voice, with all its softening spell,
    Comes o'er the waste of years returning.

I hear it whispering in the trees,
    And as to list its tones I linger,
I seem to think the wooing breeze
    The touchings of thine angel finger.
Good night, my love!   I soon will sleep;
    And, oh! how blest will be the waking—
No more to part, no more to weep—
    When the eternal morn is breaking!

-- • • — --

# LINES

### WRITTEN AT THE GRAVE OF THE LATE SIR DUNCAN CAMERON OF FASSIFERN.

Oh! soundly sleep, thou noble Chief,
    In Callart's fragrant greenwood shade,
Full many a heart was fraught with grief,
    When thou in thy low bed was laid.

Oh! soundly sleep, and gladly wake,
    Thou scion of a lordly race,
Whose frown the battlefield would shake,
    Whose smile a royal court would grace.

Laid low by no untimely stroke,
　　But ripe in honours as in years,
Though stately bough of the great oak,
　　That ages to our land endears.

Friend of the poor in time of need,
　　Thou laid'st the topstone on the cairn
Of many a good and gallant deed
　　Done by the house of Fassifern.

The house that gave brave heroes birth—
　　Whose banners waved in many a clime—
The flowers of chivalry and worth—
　　Who made whate'er they touched sublime.

Sprung from Lochiel—their heroes shed
　　A halo round that martial name ;
And gathered flowers, where'er they led,
　　For proud Britannia's wreath of fame.

The good Sir Ewen's counsel sage
　　Did oft the poor from wrong defend ;
The guide of youth, the crutch of age,
　　Oppression's foe, and virtue's friend.

And thou, of his brave sons the last,
　　A harvest rich of love didst reap,
Then smiling o'er thy labours past,
　　So calmly went in peace to sleep.

The woodland choir with songs will haunt
　　Thy lone home by the silvery sea,
Whose rippling waves so quaintly chant
　　Their low sweet requiem to thee.

The flowers that bloom around thy grave—
　　The fragrant birch at morn and even,
Sweet incense from their censers wave
　　Memorials of thee to heaven.

And tho' the wild bog-myrtle now
　　Is 'mong thine ancient oak-wreath twined,
May she who wears it on her brow
　　Have honour, love, and joy combined.

Sole daughter of thine house so true,
    From many a loyal chieftain sprung,
Who ruled in power when lords were few,
    And by a thousand bards were sung!

---

## ORAN MU CHALLART.

Fonn :—"*Oran nighean fir Gheambaill.*"

Mo chruit chiùil le mòrchuis dùisg,
'Us seinn gu siùblach rann domh,
'S le mòran mùirn gu'n innsinn cliù
Air bruthaichean lurach Challart:
B'e miann gach sùl' a 'bhi dhut dlùth,
'Us tu na d'chulaidh ghreadhnaich,
'An tùs an Ògmhios 'us d'ùr chòt'
Làn neònain agus shòbhrach.

Gur bòidheach grian ré fad an lò,
Gu h-òrbhuidh air do chluaintean,
Mar adharc-pailtis, 'taom gun airc ort
Gach maise, a chualas,
Gheabhadh am fear anmhann càil,
'S an fhàileadh ghlan, gun truailleadh
'Tha 'measg do thulman, uaine, feoir
'S na ròsan, tha mu d'bhruachan.

O,'s beag a chailleas tu de d'sgiamh,
Ged dh'fhalbhas fiamh an t-Samhruidh.
'S gach craobh dhiot snuaghmhor leis an uaine
Tha suaicheanta le seòrsa,
Bagailtean ruiteach air caoran,
'S fraoch na 'chulaidh-bhainse
'S ged thig le gruaim a ghaillionn fhuar
Cha laidh ort tuar a' Gheamhraidh.

'S ann air do phàircean molach feòir,
A's ledail a bhios cruachan,
'Us air do dhailthean bhios an t-arbhar.
Diasach, tarbhach, smuaiseach.

Mnathan gu luinneagach, gnìomhach,
’Leagadh sìos nan sguab dheth
’S an fhuil chraobhach le teas iomairt
A’ mire na’n gruaidhean.

’S gur a bliochdor, laoghmhor, torrach,
Do mhonaidhean sgiamhach,
Féurach fuaranach gach coire,
’S am faighteadh am fiadhach,
Tarmachain nan creachann fuara,
An coileach-ruadh, ’s an liath-chearc,
’S air do shealgair dol ri d’gharbhlach
Cha Bhiodh ’fhalbhan dìomhain.

B’e ceòl mo ghaoil a bhi mu d’raoin,
Ag éisdeachd laoidh na’n alltan,
Cruitearachd mhilis an lòin-duibh,
’S òraidean na smeòraich,
Uiseag ’dòrtadh bho na neòil oirnn
Oran nach ’eil cainnt orr’,
’S iad mar gu’n cual i pong no dha
Bho chlàrsichean nan ainglean.

’S ann air do làr tha ’n t-aitreabh àillt’
’S am faighteadh gràdh ’us faoilteachd
Bhiodh ceòl na pìob, ’us cuirm gun dìth
’S an àrois ghrinn ri fhaotainn,
Aig sliochd nan àrmunn b’iad ’s an àrfhaich
Meangain àrd na laochraidh,
Ursannan-catha na gaisge,
’S brataichean ga ’n sgaoileadh.

Cha ’b ann mar rainich, no luachair,
’Rinn ur n-uaisle cìnntinn,
Daragan aosmhor na h-Alba,
B’ ainmeil anns gach linn sibh,
Ceannardan buadhmhor nam feachda
Mu ’m beil eachdraidh sgrìbhte,
A leanadh tre dhiachainn an ceartas,
’S g’am bu reachd an fhìrinn.

Ged dh'fhalbh na daragan rioghail,
'Sheasadh sinn na 'r cruadal,
Dh' fhàg iad againn na flùrain
A's fiùghaile buadhan,
Ròsan air broilleach a' Chéitein,
'Chinn bho ghéugaibh uaibhreach,
'S bho 'n dian fhathasd fiùrain éirigh,
Le tréine an dualchais.

'S bho'n a dh'fhàg mi tìr mo ghaoil,
Gur h-ioma taobh 'bha m' fhalbhan,
Bho'n t-Suain, 'us Lochlunn, 's an Olaint,
An Fhràing mhòr's a' Ghearmailt,
Cha shàsaich am briaghad mo shùil,
Ged 's plùranach neo gharbh iad,
'S mi 'cuimhneachadh d'fhalluinn 's a' Chéitein
Le séudan a' dealradh.

———×———

## AM MARAICHE 'S A LEANNAN.

Fonn :—"*Nighean bhàn Dhail-an-eas.*"

O, 's mairg tha'n dingh feadh garbhlaich,
    'S ri falbhan 'am measg fraoich ;
'Us gaithean gréin' gu h-òrbhuidh
    A' dòrtadh air gach taobh.
Gu'm b'fhèarr a bhi air bàrr nan tonn
    Air long nan cranna caol ;
'S a' faicinn nan seòl ùra
    Ri sùgradh anns a' ghaoith.

O, 'fhleasgaich òig, gur gòrach leam
    Do chòmhradh anns an uair,
An fhraoch-bheinn ghorm ga 'samhlachadh
    Ri gleanntan glas a' chuain ;
'S gur tric a 's aobhar caoinidh leam
    A h-aon dh'an d'thug mi luaidh,
'Bhi as mo shealladh fad air falbh
    Air bharraidh garbh nan stuadh.

A rìmhinn òg dh'an d'thug mi gaol,
　B'e 'bhi ri d'thaobh mo mhiann,
Bho'n chiad là riabh thug mi dhut spéis,
　Bu tù mo réul 's mo ghrian,
Ach taobh ri taobh, a luaidh ri d'ghaol,
　Tha m'aigne 'g aomadh riabh.
Gu marcachd nan tonn dùbhghorm
　A dh-aindeoin dùdlachd shian.


O, leam bu mhiann a bhi 's an luing,
　'S an stiùir a bhi na m' làimh,
An uair 'bhios muir gu nualanach,
　Na 'glinn 's na 'stuadhan àrd,
A' brùchdadh barra-gheal fo a sròin,
　'S le cronan seach a sàil ;
I 'g éirigh éutrom air gach tonn,
　'Us fonn oirre ri gàir'.


I 'g éirigh éutrom air an t-snàmh,
　Mar eala bhàin 's a' chaol ;
Gach sgòd aice a mach gu 'cheann,
　'S gach seòl a' tarrainn gaoith' ;
I 'falbh le cuinnein fiadhta
　Thair tuinn a b'fhiadhaich gaoir,
Mar stéud-each cruidheach, uaibhreach,
　A thug mu 'chluasa 'n taod.


'Us ged a bhrùchdadh gaothan òirnn
　Le neart nam Faoilleach fuar,
'Us toirm na bagairt' bàsmhoire
　'Bhi 'm bàirnich àrd nan stuadh,
Le marachd mhath 'us cùram,
　Gheabh an iùbhrach ghasd a' bhuaidh ;
'S thig fearalachd 'us mòralachd
　Ri linn na comhstrìth cruaidh'.


'S an uair a thigeadh sìochaint,
　'S a bhiodh grian a' dèarrsadh caoin ;
Gu'm b'aotrom 'bhi le ceòl 'us sùnnt
　'Cur siùil ri slatan caoil ;

'S an uair a bhiomaid diomhanach,
   Mo dhriamlach thair a taobh,
'Us mi gu h-ait a' seinn le fonn,
   " Mo nighean donn mo ghaol."

" O, òigeir ùir, nach éisd thu rium,
   Ged 's mòr do spéis do'n chuan,
Cha mhair an òige daonnan,
   'S 'n uair 'thig an aois le gruaim,
Gur bochd an obair seann-duine
   'Bhi mach fo ghreann nan stuadh
Fo chathadh geal nam bòc-thonna
   Tre'n oidhche reòdhta fhuair.

" O, 's mairg ri dorchadas 'us stoirm,
   'Bhios air a' chladach leis
Na gàirdeanan 'bha làidir
   Air fàilneachadh gun treis',
Tigh-soluis air an fhuaradh,
   'Us gaoth a's cruaidhe fead
Ga 'n sparradh chùm an fhuathais
   'S an long mu'n cuairt cha leig."

" O, 'ainnir dhonn, na sil do dheòir,
   Mu bhròn nach tig a chaoidh.
Tha'n ti a' riaghladh air a' chuan,
   'Tha 'riaghladh cluaintean fraoich ;
'Us ged, a luaidh, a thriallas mi
   Gu oirean cian an t-saoghail,
Le 'thoil-san thig mi sàbhailte
   Gu broilleach blàth mo ghaoil.

" 'Us ged a's goirt an dealachadh,
   Bidh 'n coinneachadh d'a réir,
'S ar cridheachan 'an dealas ùr
   A' dlùthachadh ri chéil',
'An gaol gun mheirg, gun fhàilneachadh
   Ach mar a bhà gun bhéud ;
Gach turus-cuain ga 'ùrachadh
   A mhùirneag a' chùil réidh."

# ORAN

## DO SGIOBÀIR DE CHLANN-A-MHUIRICH AIR AN DO CHUIR MI EÒLAS ANN AN LUNNAINN.

FONN :—"*Gaol am Péutonach sùghor.*"

'S ANN an Lunnainn nan stìopall,
   Baile rìoghail nan uaislean,
'Fhuair mi eòlas 'us càirdeas
   A' Ghàidhil 'bha suairce ;
'S beag ioghnadh an t-àrmunn
   A bhi àilleasach, uasal,
'S e de shìol nam fear sgairteil
   'Thogadh bratach fo Chluainidh.

Sgiobair calma, glan, cuimir,
   Dh'am b'aithne luingeas a sheòladh ;
Cha'n ann mu thimchioll nan cùiltean,
   'S nan stùcanna ceòthar ;
'S ann a thàirneadh tu 'cùrsa
   Air gach dùthaich fad bho d'eòlas ;
'S thilleadh dhachaidh gu buadhar
   Dh'aindeoin nuallan thonn mòra.

Thoir mo shoiridh le beannachd
   Dh'ionnsaidh 'Phearsanaich loinneil,
Le dùrachd 'us fàilte
   Anns gach àite 's an coinnich :
'S e mo ghuidhe gu'm buain e
   Meangan uasal gun choirc,
Air 'na leag e a shùil
   'Am bàrr ùrail na coille.

'S math leam agad a'mhaighdeann,
   Bho'n 's i daoimein na tìr' i ;
'S ged nach fhaigh thu leath' saibhreas,
   Gheabh thu oighreachd 'bhios prìseil :
Gheabh thu grinneas 'us suairceas,
   Mathas, uails', agus sìochaint,
Bean mhaiseach ri d'ghualainn
   Nach cuir bruaidlein air d'ìnntinn.

Sùil mar dhearcaig a' bhruthaich,
   Falt mar fhitheach nam mòr-bheann ;
Mar shuth-chraobh tha a bilean,
   Bho am milis na pògan ;
Aghaidh mhàlda gun ghruaman,
   Aig a' ghruagaich 'dh'fhàs mòthar ;
'S i a' dearbhadh a dualchais
   Ann a gluasad gu còmhnard.

Làmh 'chur grinneis air éideadh,
   'S a dhianadh éuchd leis an t-snàthaid :
'Dhianadh snìomhach, na'm b'fhéum e,
   Cho math ri péurlainn no fàitheam ;
I tuigseach na 'còmhradh
   Banail, mòthar, gun fhàillinn ;
'S bho'n is math leam air dòigh thu,
   Guidheam còir dhut air Màiri.

---

# FAILTE DO MHARCUS LATHARNA 'S DO 'MHNAOI OIG RIOGHAIL.

## I.

CHUALAS iolach ann an Alba,
Caismeachd-buaidh' air feadh nan garbh-chrìoch,
Pìob gu tartarach anns na gleannaibh,
Teintean-éibhneis air na beannaibh,
Srannraich bhratach air na gaothaibh,
Caithream aig Mac-talla aosda,
'N uair a shaoil sinn e gun lùthas,
'Caoidh a chànain 's cloinn' a dhùthcha,
B' àrd-ghuthach e 'gabhail òrain,
'Seirm gu binn le mic na h-òige.
Spioraid aosmhoir tìr nan Gàidheal,
Ciod an diugh a's fàth do 'n ghàirich,
'Dhùisg thu còmhdaichte le aighear,
As an uaigh 's an robh thu 'd 'chadal ?
'S cò chuir ort an coron éibhneis,
Le lainnir 'tha dalladh na léirsinn ?

## II.

Thuirt an t-Aosd', 's e crath' le mòrchuis
A leadan aighearach bòidheach,
Tha toil-inntinn air mo chuartach',
Mar bhrùchdadh barra-gheal nan stuadhan,
Mar dheoch fhìor-uisge do 'n phàiteach,
Mar mhiar calanta air clàrsaich,
Mar bhroilleach gaoil do' n truaghan fhògrach,
'Toirt ìocshlainte do 'anam leòinte.
Thàinig sgéul a dhùisg mo chridhe,
'S a chuir mi gu mùirn 's gu mire,
Mar stoirm nan tonn mòr a' gleachdraich,
'S an Fhaoilleach ann an Coire-bhreacain.
Tha gàir nan céud mu 'n Chaisteal Aorach,
'S cha 'n e àr 'tha 'm beachd na laochraidh,
Gean is gràdh 's gach sùil tha 'lasadh,
'S a dcàrsadh 's gach gruaidh mar an cadadh.

## III.

A chlann nan sonn do 'n dual am breacan,
Togaibh iolach air gach leacainn,
O ghleanntaibh uaine nan Catach,
Gu Earra-Ghàidheal nan gaisgeach,
Mar mharbh Diarmad donn an t-sùgraidh,
An torc fiadhaich 's a' choill' ùdlaidh,
'S a choisinn e cliù nach bàsaich,
'Fhad 's a dh'innsear sgéul 'an Gàidhlig ;
Fiùran àluinn a' chùil bhuidhe,
Mharbh an Dràgon 's bhuain an t-ubhal,
Ubhal miadhar, miann an t-saoghail,
Thug e 'n diugh do 'n Chaisteal Aorach.
Chìosnaich e, nàil' ! luchd na Beurla,
Mòrchuis Shasuinn, 's àrdan Eirinn,
'S thug e 'chreach á làimh na Gearmailt,
Ged is mòr a rìgh 's a h-armailt.

---

Bidh Atha is Aora gu h-aobhach ri ceòl,
Gach alltan 'us caochan ri 'n laoidh mar is còl.

Dhùisg morchuis is sòlas luchd-òrain nan gleann,
'S trusgan-bainse mu ghuaillibh tìr' uaibhrich nam beann.
    Fàilt ort, fàilt ort, fàilt ort, a laoich!
    Fàilt ort le d'òg-mhnaoi gu beanntaibh an fhraoich!

Fàilt air an òigfhear, fàilt air le buaidh,
Cha 'n ioghnadh mo ghràdh a thoirt bàrr air an t-sluagh,
'S nach 'eil am pòraibh Iompair no Righ 'thig thar tuinn,
Boinne 's uaisle na 'n fhìon-fhuil 'tha 'm fìor Mhac O'Dhuinn.
            Fàilt ort, &c.

'Fhiùrain an òr-fhuilt, gur bòidheach do dhealbh,
'S gur airidh thu 'measg sluaigh air na fhuair thu 'ad sheilbh.
O d'òig' thu làn uaisle, gun tuaileas gun bhéum,
Ach do chùrs' mar a' ghrian 'tha gun fhiaradh na 'céum.
            Fàilt ort, &c.

Fàilt air an Daoimein 'tha 'boillsgeadh a'd 'chrùn,
A' Bhana-phrionnsa àilt 'thug a làmh dhut 'sa rùn,
Cha 'n ioghnadh sinn 'thoirt ùidh dh'i an dùthaich nam beann,
'S i simplidh na 'mòrachd mar neòinean nan gleann.
            Fàilt ort, &c.

'S ioma plùran 'tha 'brùchdadh troimh ùrlar gach glinn,
Le'n tùisearan cùbhraidh 's le 'n ùraireachd ghrinn,
Gun mheas air am fàile, no 'n àillealachd mhòir,
'S ar miann air a' gheal-ròs nach ceannaicheadh an t-òr.
            Fàilt ort, &c.

A nighean na mnà céutaich rìoghail sin gu'r miann,
A shliochd nan leòmhan calma 'bha'n Alba o chian,
Tha e do ar beanntaibh 's do 'r gleanntaibh mar dhriùchd,
D' fhaicinn ann an aoibhneas aig oighre an Diùc.
            Fàilt ort, &c.

Oighre nan tréun-fhear, 's a' ghéug 'rinn e bhuain,
Geal mar chanach sléibh no mar cìteig a' chuain

Driùchd o na h ardaibh fad làithean an saoghail,
Beannachd agus gràs bhi air càraid mo ghaoil !
    Fàilt ort, fàilt ort, fàilt ort, a laoich !
    Fàilt ort le d'òg-mhnaoi gu beanntaibh an fhraoich !
    Fàilt ort, fàilt ort, fàilt ort, a laoich !
    Fàilt ort gu d'eòlas le òg-mhnaoi do ghaoil !
HARBURG.

---

TRANSLATION OF THE ABOVE BY SHERIFF NICOLSON.

### I.

FROM Scotland comes a joyful voice,
All her rugged bounds rejoice,
In the glens the pibroch thrills,
Bonfires flash upon the hills,
Banners to the wind are rolled,
And the voice of echo old
Sounds again a note of gladness,
When we deemed him sunk in sadness.
Mourning for the fallen place
Of his native tongue and race :
Now his voice is loud in song,
The glad sons of youth among.
Spirit of the Gaelic earth,
Wherefore is this wondrous mirth
That hath waked thee from the tomb,
And to triumph turned thy gloom ?
Whence thy crown of joy so bright,
Gleaming on the dazzled sight ?

### II.

Said the Spirit, shaking proudly
His bright locks of comely hair,
Gladness hath been shed around me
Like the bursting of the wave
When the crested rollers bounding
Toss their white foam in the air ;
Like cold water to the parching,
Like skill'd fingers on the harp-string,

Like love's breast to wretch forlorn,
Bringing balm to spirit torn,
Such hath been the news to me,
That hath stirred my soul to glee,
And my heart to joy did waken,
As when waves of wintry sea
Wildly dash in Corryvreckan.
For on Inverary's green
Rings the shout of hosts afar,
Where the gathered clansmen muster,
And in every eye is seen,
Not the dreadful light of war,
But love's warm and kindly lustre.

### III.

Raise, ye children of the heroes,
That have worn the Highland tartan,
Lusty cheer on every hillside,
From the far green glens of Cataibh,*
To Argyll, the nurse of valour.
As brown Diarmad, loved of women,
Slew the wild boar in the dern wood,
And won glory never dying,
While a tale is told in Gaelic,
So the golden-haired young hero
Slew the dragon, plucked the apple.
Apple noble, world's desire,
Which he bears to Inverary.
He hath vanquished all the English,
Pomp of England, pride of Ireland,
And from German hands he carried
Off the spoil that princes longed for,
Great as is their king and army !

Let the waters of Awe and of Aray rejoice,
Each burnie and streamlet in song lift their voice,

* Sutherland.

E

With pride and with joy wakes the music of the glens,
When the wedding-robe decks the proud land of the Bens,
 Hail to thee Lorne, and thy Princess together,
 Welcome are both to the hills of the heather !

Hail to thee, young chief, and yet again hail !
No wonder my darling o'er all should prevail,
For no blood of Kaiser or King ever born
Is better than flows in the blue veins of Lorne.

Thou well-favoured youth of the gold-yellow hair,
Full worthy thou art of thy heritage fair,
From the dawn of thy days thou wert pure without spot,
Thy course like the bright sun that wavereth not.

Hail to the diamond that beams in thy crown,
The Princess whose true heart and hand are thine own,
Well may the mountain land bid her all hail,
Who is simple in greatness as flower of the vale.

Sweet blossom the flowrets, unheeded of men,
With censers of fragrance perfuming the glen,
The bloom of their beauty unvalued doth fall,
But the peerless white Rose wins the worship of all.

O child of good Mother most royal in worth,
Whose fathers of old wore the crown of the North,
As dew to the mountains and glens of our Isle,
Is thy coming in joy with the heir of Argyll !

Thou heir of great fathers, and thou his young bride,
Fair as down of the mountain, or shell of the tide,
May the best dews of blessing descend from above,
To the end of their days, on the pair of my love !

 Hail to thee Lorne, and thy Princess together !
 Welcome are both to the hills of the heather,
 Hail to thee, Hail to thee, Hail to thee, Lorne !
 With thy love to the land where thy fathers were born.

## AIR LATHA ORDUIGH DHUNEIDEANN.

GED tha mi 's an Fhraing 'g éisdeachd srannraich na gaoith',
'S'e baile Dhunéideann 'n diugh m' éibhneas 'us m'ùigh,
'Us cluig bu bhinn òrain ri ceòlraidh do m'chridh,
'Toirt cuiridh gu cuirm ann an cùirtean an Rìgh.

FONN—*Air faillirin, illirin, uillirin ò,*
*Air faillirin, illirin, uillirin ò,*
*Air faillirin, illirin, uillirin ò,*
*Mo rùn air a'chomunn 's mo thogradh 'bhi leò!*

'Bhi 'g éisdeachd a'bhuachaill,* a fhuair mi na m'fhéum,
Gu beanntainnean *Bheuladh* a'stiùireadh mo chéum ;
'S air tùs chuir 'am làimh a'ghloin'-amhairc de 'n òr,
Troimh 'm faca mi scalladh air fearann na glòir',
  Air faillirin, illirin, &c.

A chuideachd mo ghaoil, gabhaibh aobhach an sògh
'Th'air a sgaoileadh le faoilt aig Fear-saoraidh nan slògh ;
'S 'n uair a thig e n'air dàil dh'iarruidh bhlàithean 'us meas,
Na biodh aon ghéug gun phàirt oirr' ri àireamh 's an lios.
  Air faillirin, illirin, &c.

B'e mo mhiann-sa ur ciocras 'bhi riaraicht' le gràdh,
'S ur n-òl 'bhi gun airceas fo bhratach an àigh ;
Ged 'tha mis' mar neach pàiteach air àrd-bheannaibh mòr,
'G éisdeachd torman nan caochan 's nach fhaod dol na'n còir.
  Air faillirin, illirin, &c.

A nigheanan Shioin co geal 'us co dearg,
Ged 's dubh mi seach sibhse na gabhaibh rium fearg ;
Bidh mise thair chuaintean ga m'bhualadh le grian,
'Us sibhse gu mùirneach le bùthaibh ga 'r dion.
  Air faillirin, illirin, &c.

Gu 'm b'annsa na h-òrain tha 'n còisridh nan saoidh,
Na osag a' Chéitein ged 's éibhinn a laoidh ;
'S 'n uair thig cruaidh-ghaoth a' Gheamhraidh 'cur greann
  air gach dùil,
'S ann bho Shinai 'tha'm fonn 'tha 's gach ponc d'ar cruit-
  chiùil.
  Air faillirin, illirin, &c.

* An t-Ollamh Maclachainn, Eaglais Chaluim-Chille, ann an Dun-
eideann.

Ged 's ciatach leam searmoin nan garbh-thonnan mòr
Mu uamhas Iehóbhah, mu mhórachd 's mu ghlòir;
Cha chluinnear a'luaidh iad air Uan Chalbharì,
'S a chaoidh cha toir cùnntas mu Chùmhnant na Sìth.
        Air faillirin, illirin, &c.


Ach leanaidh mis' céuman ur tréud-se le deòin,
'S 'n uair 'ruigeas mi 'n t-àit' 'm bi ur tàmh mu thràth-
        nòin,
Mar fhior-uisge *Elim* 'n déigh *Mara* 'bhi searbh,
Bidh suaimhneas nan cluaintean 'n déigh cruaidh rathaidean
        garbh.
        Air faillirin, illirin, &c.

------◆------

# ALONE.

My babe, thou'rt like a pretty bud
    Upon a blasted bough;
A bird come from the shady wood
    To shiver in the snow;
Or like the fragile butterfly
    That spreads its downy wing
Ere yet the sun begins to dye
    The blossoms of the spring.

The moonbeam soft and purely shines
    Upon my baby's face,
And my heart closer round her twines
    As I thy features trace.
My Mary—once as fair to see
    As summer's blooming flowers,
Whose smile made home as bright to me
    As summer's gayest bowers.

But now the beauteous rose may bloom
    Upon the breast of May,
The scented violet may perfume
    The breath of closing day;

The lily pure, the primrose fair,
    The daisy on the lea,
May grow again, but ah! they ne'er
    Can summer bring to me.

The snow is on the flowery nook
    Where I so oft did rest,
And frozen is the crystal brook
    Whose waters made me blest.
The golden sunbeams that were showered
    So freely in my home
Are gone, and a dark cloud has lowered,
    Through which no light can come.

The whisperings of the silver sea
    That ripples to the shore ;
The sighings of the fragrant breeze
    That sweeps my garden o'er ;
The warblings of the little birds,
    Earth's softest voices all,
My Mary dear, thy winning words
    And gentle tones recall.

And, darling, oft at night I dream
    I see thee near me stand
With beauteous ones, who to me seem
    Thy sister angel band.
And oh! thy words come like sweet balm
    To this lone heart of mine,
As in the selah of your Psalm
    Ye tell them—I am thine.

---

## LAME WILLIE.

### A CHRISTMAS BALLAD.

THE sun was shining on the dappled meadows,
    Where lambs were frisking in their lightsome glee,
Whilst poor lame Willie, from his wee dark garret,
    Could neither lamb, nor flower, nor sunshine see.

And if sometimes a stray sunbeam came streaming
    In through his cracked and broken window pane,
Gilding the miseries of his lone chamber,
    It woke a yearning that became a pain.

No song of bird had ever cheered lame Willie,
    Except the sparrow's chirpings 'neath the eaves ;
Yet of their warblings he was ever dreaming—
    Dreams that untaught poetic fancy weaves.

His soul was hungering for some thing of beauty,
    On which to feast his brightly-beaming eye ;
No pretty thing could he see from his garret,
    Except the stars that lit the evening sky.

"Oh, tak' me to the green my ain dear mither"
    He cried, "some day when ye are no' at wark ;
And we can gang as sune's we get our breakfast
    And no' come back again until it's dark.

"I want to hear the rolling o' the river,
    To list in quiet to the city's hum ;—
Mither, altho' I'm lame I'm very thankfu'
    That God has made me neither deaf nor dumb."

His mother turned from him to hide her anguish :
    She oft rebelled because her boy was lame ;
"He's far too wise," she said, "my ae wee lammie,
    My bonnie doo will ne'er a grey head kame."

"Ye couldna walk, my Willie," she said, smiling,
    "And carrying ye is mair now than I can ;
Ye've grown sae, laddie, near as big's your mither—
    How could I carry ane that's maist a man ?"

"I'll never be a man, my ain dear mither,
    "And I'm glad I'll never, never be ;
But I would like to see the bonnie simmer,
    And hear its voices ance before I dee."

When Ted, the coalman, heard the lame boy's wishes
    (For Ted tho' rough, had got a kindly heart),
He said he'd drive him out next Sunday morning,
    With old dun Jeru and the cuddy cart.

Good Teddy came in all his Sunday grandeur,
  And carried Willie down the creaking stair;
And to the South Side Park led out old Jeru,
  Softly exhorting him to walk with care.

Was ever boy so happy as lame Willie
  When he beheld the bright and beauteous scene,
Whilst the kind sun his beams were show'ring on him
  As free and golden as on Scotland's queen.

He ne'er again was lonely in his garret,—
  That gorgeous picture never left his mind;
It was a book that he was always reading,
  Where night or day he perfect bliss could find.

The soft green grass, the splendour of the flowers,
  The fragrant perfume of the red June rose,
The rustling trees that softly waved and quivered,
  The birds that warbled 'mong their leafy boughs:

The bees that hummed upon the beauteous blossoms,
  The fairy butterflies so gay and bright,
The sunshine streaming upon all from heaven,
  Each to the boy was a most pure delight.

When Christmas came the frost was keen and biting,
  And coals were heaped upon the rich man's fire;
And yet of cold he night and day complained
  Though wrapped in broadcloth to his heart's desire.

Lame Willie shivered in his cold lone garret,
  Till sickness laid him fast upon his bed;
And his sad mother wailed that she must leave him
  The lee lang day, to earn their daily bread.

Good Teddy often came with bits of candy,
  And tales of Jeru's sly and tricky ways,
And promises of visits to the gardens
  When summer brought again the sunny days.

Lame Willie smiled to please the kindly coalman,
  Tho' well he knew he'd ne'er again be whole;
And yearned for some one who could bring to order
  The tangled mass of beauty in his soul.

For strange thoughts haunted the neglected laddie
    About a higher life than he saw led,
And visions of a great and beauteous garden
    That was the home of all the happy dead.

'Twas then a lady left her cosy chamber,
    Filled with compassion for the sick and poor.
And bravely daring cold, and filth, and rudeness,
    Went like an angel in at misery's door.

She, like a sunbeam, came to Willie's garret;
    And tho' she comforts gave a goodly share,
He said her kind face was the truest balsam—
    "'Twas like a breath o' caller garden air."

And when she told him the great Christmas story,
    Of how the Lord left His bright courts of joy,
And for our sakes bore all the keenest sorrow—
    The manger-born despised and suffering Boy.

But yet how angels carolled o'er His coming;
    How stars were heralds to proclaim His birth :
And how they still sang hymns of joy and gladness
    When sons were born to God upon the earth.

And when she read him of the golden city,
    The crystal river, and the trees aye green,
The songs of joy that in the home of heaven
    Await the throng who turn away from sin.

The lame boy's face was all aglow with gladness—
    The face so pinched with early want and care—
And told with rapture how he knew that heaven
    Must, like that garden, be so fresh and fair.

And when he dying lay, he told good Teddy
    The happy boy that Jeru's drive had made,
But how that angels from that bed would bear him
    Where tree nor flower could never, never fade.

" You, too, must come, Ted, and my ain dear mither ;
    But you'll no ken Willie, for he'll no be lame,

The Great Physician lives and reigns in heaven,
　I'll soon be healed if I but ance get hame."

Lame Willie sleeps in peace beneath the daisies,
　And oft his mother tells, with show'ring tears,
His pretty ways, and ere he went to heaven,
　How strangely wise he was beyond his years.

And blessings follow that good gentle lady,
　Who told these Christmas tidings to the boy,
Smoothed his rough pillow, and gave him rapture
　That seemed a foretaste of the heavenly joy.

————•◦•————

## A CHRISTMAS CAROL.

Robin upon yonder thorn,
Welcoming this Christmas morn,
Sweet, oh, very sweet to me
Is thy joyous minstrelsy.
Yet not thine the only lay
Celebrating the glad day :
One great harmony's abroad,
One great psalm is sung to God —
In the deserts, in the floods,
'Midst earth's deepest solitudes.
Hark ! among the forest trees
Wildly chants the swelling breeze,
Whilst the sea, with voice sublime,
Rolls and sings from clime to clime ;
And the tiny waterfall
Adds its plaintive madrigal :
Yet not theirs the sweetest lay
Heard by God on Christmas Day.

Bird of beauty, in life's spring,
Lisping cherub, tune thy string ;
Give thy precious little gem
To the Babe of Bethlehem.

Youth, who on your tiptoe stand
Of your manhood's promised land,
To get brief but golden gleams,
Sing to-day, forget your dreams.
Maiden in thy beauty's bloom,
Sire who tott'rest to thy tomb,
Queen and peasant join the throng,
Swell the Halleluia song;
Dear to God shall be each part
Rising from a grateful heart :
Yet not yours the sweetest lay
Heard by Him on Christmas Day.

All ye righteous ninety-nine
Who have kept the laws Divine—
Stern unbending ones who've ne'er
Charity for those who err—
Sour ascetic souls that frown
Every harmless pleasure down,
Frowning on the infant's wiles,
Frowning on the maiden's smiles;
Who forget amidst your gloom
Birds do sing and roses bloom ;
Laud—but yours is not the lay
Dear to God on Christmas Day.

Sinner, hopeless and forlorn,
Thou whom the self-righteous scorn,
Ope thy heart in spite of sin,
Christ the Lord shall enter in—
Thy heart the palace of a king—
What a carol thou shalt sing ;
Then o'er thee frail child of earth,
Gladly as at Jesu's birth,
Th' angel host shall sing again,
" Peace on earth, goodwill to men."
And our God shall bend His ear,
Graciously thy song to hear—
'Tis by far the sweetest lay
Heard by Him on Christmas Day.

# ORAN

FONN :—"*The Laird o' Cockpen.*"

DIAN, a dhuthaich nan tréun, iollach éibhneis as ùr,
Chualas nuallan nam pìob an tigh rìomhach nan tùr ;
'Us d'uaislean na'n céudan gu h-éudmhor 'tighinn cruinn,
'Chumail suas na càinnt' buadhair 'bha dual do na suinn.

Chruinnich baintighearnan mìn-gheal na'n sìde 's na'n sròl,
'S iad a' boillsgeadh le séudan, mar réulltan 's na nèoil ;
'Am maise 's an àilleas 'toirt bàrr air a chéil' ;
'S an gaol air a' Ghàidhlig ga 'ghnàth chur 'an géill.

O lìonaibh dhomh còrn 'us gu'n òl mi le fonn,
Deoch-slàinte nan uaislean sliochd uaibhreach nan sonn,
'S air tùs cuiream fàilt air an t-sàr 'bh'air an ceann
Am morair bho Cholonsa nan gorm ghleann 's nam beann.

A shliochd nan leòmhan tréun chleachd 's an téugbhail a'
   bhuaidh,
Tha subhailcean gun àireamh a ghnàth ort ri luaidh ;
'S 'n uair 'bhios maithean as gach àit' anns an "Ardthigh"
   le chéil',
Cha bhi aon ann 'bheir bàrr air a Ghàidheal Macnèil.

'S bha Cluainidh gu h-uaibhreach le 'shuaichantas fhéin
Ceann-feadhn' ga'm bu dualach 'bhi cuantachail tréun,
Bha na Pearsanaich riabh ri àm diachainn ro-chruaidh ;
'S bhiodh am brataichean sgaoilt' air na gaoithean le
   buaidh.

'S tha fuil uasal bho 'mhàthair ag éiridh na 'phòr,
Dream nach reiceadh an fhìrinn air nì no air òr ;
Na camshronnaich mheamnach bha ainmeal 's gach strìth,
'Bhiodh na'n leomhain 's an tuasaid 's nan uain 'n àm na
   sìth.

'S bha 'n Siorra MacNeacail 'am breacan 'bha grinn
Gaisgeach rìoghail nam buadh 'sheinncadh duanag gu bìnn ;

Cridh' 'fearail an t-saighdear 's mur mhaighdinn e ciùin,
Sùil mar lainnir nan léug 'bhios air éideadh mo rùin.

Sealgair 'an daimh chràcaich 's an àrd chreachunn ghlas,
'S bheireadh bradan gu bruaich as an fhuar linge chais
Bidh ceartas 'us tròcair 'triall còmhl' riut tre 'n t-saoghal,
'Us claon-bhreith gu bràth cha toir àrmunn mo ghaoil.

'S a stucannan ceòmhor ur neòil cuiribh dhìbh,
Ged b'fhada ann an dòlas 's am bròn a bha sibh,
Tha 'ghrian bhuidh' 'dòrtadh a h'òir air gach sliabh,
'S a gathanan àigh mu gach àrd-bheinn a' snìomh.

Thugadh clàrsach nan téud nis bharr géugan a' bhròin,
'S cha leig sinn rithist annt' i, ri'r 'n àm, no le'r deòin.
Buailidh sinn gu h-àrd i le gàirdeachas mòr,
'S sinn ag cluintinn na Gàidhlig 'bhi 'fàs ann an treòir.

A chànain mo mhàthar, a chànain mo ghaoil,
Bidh tu 'fàs ann an sgiamh, gus 'm bi crìoch air an
        t-saogh'l
'S ged bha thu gu tinn gheabhar cinnteach dhut léigh
'S bidh tu luinneagach binn feadh gach linn 'thig na'r déigh.

'S tric a chuala mi dàn a rinn Bàrd do shìol Dùinn,
'S e mu mhac mo dheireadh Adhamh ri' fàidhdearachd
        dhuinn,
E 'bhi labhairt ris a ghréin 's iàd le chéil 'dol gu bàs;
'S ann an Gàidhlig gur cìnnt' leam a dh'ìnnseas e 'chàs.

———•◦•———

## CRONAN AN LATHA DHORCH.

CHA'N fhaod sinn caoidh, no gal, an diugh,
        Ged nach 'eil grian a' dèarrsadh;
Tha 'n t-uisge 'biathadh a' mhaoth-ròis,
        Air broilleach caomh a' Mhaigh;
Gu tartmhor chrom na flùir an cìnn,
        Ach ùraichidh an àilleachd;
'S gur maiseach bhios iad, 'n uair 'thig grian
        A ris le gathan àigh.

Na neòil tha dorch ach theid iad seach,
  'Us seinnidh sinn gu ceòlmhor ;
'S le fiughair scalltuinn, air son soills',
  Gu'm fuadaich sinn gach bròn ;
Am maireach bidh a' ghrian a mach,
  S a' choill air chrith le òrain ;
'S gach cuiseag 's feòrnain 'n déigh nam fras
  Na's ùrair' air gach lòn.

Tha 'n iarmailt fliuch, 'us fuar, an diugh,
  Ach cha bhi sinn fo ghruaman ;
Thig creideamh, 's gràdh, air aoidheachd leinn,
  'S bidh dòchas uasal grinn ;
Ag itealaich gu mànranach,
  Mu 'n mhàireach shoillear bhuadhar,
'S am bi gach flùr fo bhlàth na'r céum,
  'S na h-eòin ri ceileir bìnn.

Agus ged a thig an Geamhradh òirnn,
  Le gaillinn 's cathadh fiadhaich ;
O, cumamaid air cridh'chean tréun,
  Le cuimhne gu 'n tig grian ;
Gu ceòlmhor dìreamaid a' bheinn,
  Ged 's cas an céum 's ged 's fiar e,
Na 'mullach bidh sinn fad o's cionn
  Gach ceathaich agus sian.

---

## TRANSLATION.

# CROONING FOR A DARK DAY.

We must not weep nor grieve to-day,
  Altho' the sun's not shining ;
The rain will feed the budding rose
  Upon the breast of May ;
The flowers that drooped around our path,
  Were for the rain-drops pining ;
And when the sun comes out again
  They'll all be bright and gay.

The clouds are dark, but soon they'll pass,
    We'll spend the hours in singing;
And, looking for the sunshine, we
    Shall banish care and pain;
To-morrow, when the sun is out,
    The woodlands will be ringing,
And every leaf and blade will be
    The fresher of the rain.

The air is damp and chill to-day,
    Yet do not droop in sorrow,
For love and faith will be our guests,
    And hope will spread her wing,
To revel on the bosom of
    A beautiful to-morrow,
When round our path the flow'rs will bloom,
    And all the birds shall sing.

And even in the winter storm,
    Altho' the drift is blinding,
We must be strong and brave of heart,
    The sun will shine again.
We'll singing climb life's hill, altho'
    The path is steep and winding;
Upon the top we'll get beyond
    The darkness and the rain.

———◦◦———

## GLASSMAKING SPIRITUALISED.

WRITTEN IN THE GLASSWORKS OF MR. A. JENKINSON,
10 PRINCES STREET.

I STOOD by the glowing furnace,
    Into which was cast the sand
That had once been counted worthless,
    Tossed by billows on the strand.

And I watched till all the darkness
    From the burning heap did pass,
And it molten in the furnace
    Seemed a flaming lava mass.

On his rod a workman gathered
   Tiny bits of what seemed flame,
Rolling each upon his anvil
   Till it crystal clear became.

Calm and quietly then were fashioned
   From that molten sand such things
As seemed bright enough to gladden
   The gay festive halls of kings;

Coming ready from the furnace
   For flowers, water, fruit, or wine,
All in beauty, all according
   To the master's wise design.

And I thought of all those beings,
   Tossed upon life's weary strand,
Careworn, aimless, almost worthless
   As the grains of ocean sand.

God could in His glowing furnace
   These poor wretched souls refine;
Turning them to beauteous vessels,
   To be filled with heavenly wine;

Water from the holy river;
   Fruit the tree of Zion yields;
Flowers, fragrant, sweet, and precious,
   Culled from the celestial fields.

Christian whom the Lord hath ransomed,
   Wilt thou for Him gather sand?
Girt with love, wilt thou not venture
   To the dark and stormy strand?

It is faith that in the sand-grains
   Sees the goblet fit for wine;
It is faith that in the loathsome
   Seeth souls that yet may shine.

Bring them, dark and lost, believing
   There is no transforming rod
To turn beauty out of blackness
   Like the wondrous grace of God.

If you cause a sinful Mary
　　On Christ's head to pour her balm,
You in heaven shall join the chorus
　　Of her hallelujah psalm.

Lead the poor degraded drunkard
　　To be filled with heavenly wine,
And thy face shall in his beauty
　　With a brighter radiance shine.

Oh, the beauty ! oh, the glory,
　　Of the souls that God makes bright
Vessels for the marriage supper,
　　Shining like the stars of night.

Christian, whom the Lord hath ransomed,
　　Wilt thou for Him gather sand ?
Girt with love, wilt thou not venture
　　To the dark and stormy strand ?

———◦◦◦———

## LINES ON EDINBURGH.

### WRITTEN IN NORWAY.

How graceful on the hills thou sit'st,
　　Dear Edina, the blest,
As calm and proudly as a queen
　　Upon her couch of rest ;
And beauteous as a maiden fair
　　Within a sunny bower,
'Mong crystal brooks and woodlands green,
　　And many a fragrant flower.

Thy guardian lion by thy side
　　Looks down upon the Forth,
And lovingly he watcheth thee,
　　Fair Empress of the North.
A foeman's hand with touch unkind
　　Will never dare, I trow,
To pluck one single leaflet from
　　The thistle on thy brow.

I love to see thee, Edina,
    When, in the summer time,
Thy hills and parks so beautiful
    Are in their gayest prime.
Thou hast no darkening city smoke,
    No deafening city din,
But humming bees and warbling birds
    Are in thy gardens green.

How massive are thy palaces,
    And lofty are thy towers !
Yet trees and summer greenery
    Make them like fairy bowers.
When leaf and blade are twinkling in
    The sunlit morning dew,
How fresh and balmy is thy breath,
    Thy sky how bright and blue !

And, e'en though frowning winter comes
    With tempests and with snows,
She cannot rob thee of the bliss
    That in thy bosom glows,
When gaily at the social board,
    Or 'round the cheerful hearth,
Friend meets with friend, to drink unscant
    The purest joys on earth.

I in the moonlight love to stand
    Alone upon thy bridge,
And watch the twinkling lights along
    Thine old historic ridge ;
And, as they star-like glimmer on
    , The hoary Castle's crest,
In the deep hush I seem to hear
    The throbbings of thy breast.

Between the Old Town and the New
    Thy railway line seems cast—
Type of the progress that divides
    Thy present from thy past.

And as the busy severing vale
    Is by thy bridges spanned,
So may thy rich and poor be joined
    In sympathetic band.

God guard thee, Edina the fair!
    In love to thee I cling;
Where'er I roam, my soul still turns
    To thee on eager wing.
I yearn to see thy face again,
    And hear thy Sabbath bells,
That seem to welcome weary souls
    To Elim's blessed wells.

Though I have wandered far away
    To many a foreign clime,
I've met with naught in any land
    So lofty and sublime
As the deep quiet and holy rest
    Of thy dear Sabbath days,
When, soaring from earth's mists, we rise
    To bask in Heaven's bright rays.

## DEATH OF DR. NORMAN MACLEOD.

THY warfare's o'er, great chieftain, now's thy rest,
    "Beyond the voices" of tumultuous time,
Quenched is the genial glow that warmed thy breast,
    And made the beauties of thy life sublime.
Sleep soundly near the old beloved home,
    Where often thou life's golden dream did weave;
Sleep soundly by the hills o'er which did roam
    Thy youthful feet on many a joyous eve.

We mourn the silence of thy noble voice,
    That charmed the ears, and swayed the hearts of men,
That made their souls with purest joy rejoice,
    And brought life's hidden things within their ken.
Ah! thou, with sympathy's own magic touch,
    Could heal life's broken springs, and bring again

Sweet music from the chords where over much
Of care and sorrow had left only pain.

And with thine eloquence thou couldst unlock
The worldling's heart, and bring his hoarded gold
Like streams of water from the flinty rock
To bless life's poor ones—hungry, faint, and cold.
And 'midst thy greatness and thy power, thou
With grace and tenderness did'st rich abound,
Like a great rock whose high majestic brow
With simple ivy and with heath is crowned.

Thou, like thine own " Wee Davie," had become
A glorious centre where affections met,
Where sweet good-will had found a gladsome home,
From which to scatter drizzling clouds of jet.
Monarch and peasant claimed thee as a friend,
Their loves met, beauteously around thee twined ;
And as in life, so in thy latter end,
Sweetly was lowliness with state combined.

They laid thee to thy rest beneath thy plaid,
The Highland plaid that thou didst love so well,
And o'er it proudly gentle hands had laid
The Queen's sweet offerings of *immortelles*.
Sleep soundly near thine own beloved home,
Till the great morn in golden light will break,
Sleep soundly till God's mighty voice will come
In joy and gladness to bid thee awake.

---

## ORAN

### AIR AN 42ND AIR DHOIBH BHI BUADHAR AN COGADH ASHANTEE.

A ho 's toigh leam, 's toigh leam, 's toigh leam,
A ho 's toigh leam fhein na Gaidheal,
Luchd nu'm breacan, gorm, is uaine,
A chleachd buaidh-chaithream, 's na blàran,

Thàinig sgeul á tìr na gréine,
  'S gur mór m'éibhneas, 's mo chùis mhànrain,
Freiceadan Dubh nan ceum éutrom,
  'Bhi gu h-éuchdach mar a b'àbhaist,
                    A ho 's toigh leam, &c.

Leomhain churanta 'n àm cruadail,
  Dhuibh bu dualach buaidh 's an àr-fhaich,
Sliochd nam mìli reachd 'ar uaibhreach,
  'Bha nan uamhas do gach nàmhaid,
                    A ho 's toigh leam, &c.

Sliochd nam fear a chleachd an fhraoch-bheinn,
  'S an cruinnichteadh na laoich le crois-tàraidh,
Cha chualas an eachdraidh an t-saoghail,
  Feachd a chuir na saoi gu nàire,
                    A ho 's toigh leam, &c.

Cha b'e gleachd ri feachdan rianail,
  'Bha ri dhianamh anns a' chàs so,
Ach 'bhi 'cìosnachadh nam fiat-fhear,
  'Bha mar fhiadh-bheath'chan an fhàsaich,
                    A ho 's toigh leam, &c.

'S ged bu smachdail borb an rìgh ud,
  Fear 'thoirt suas nan ìobairt gràineil,
Thug ur gniomh air tighim gu diblidh,
  'Phàigheadh cìse do *Shir Garnet*,
                    A ho 's toigh leam, &c.

B'éutrom ur céum anns gach cruadal,
  Mar bu dual do mhic nan Gaidheal,
'Bha mar fhéidh nam beannaibh fuara,
  Gun chuing, gun bhuaraich, gun sgàth orr',
                    O gur toigh leam, &c.

'S ged 'n Amoaful chaidh leònadh,
  Dheanadh air na seòid nach d'fhàilnich ;
Thog iad iollach 's lean an tòrachd
  'S dh'aindeoin dò-bheairt chaidh an là leo.
                    O gur toigh leam, &c.

Cha bhac garbhlach iad no bruthach,
  'S misneach cùiridh aig gach sàr dhiubh,

'S cha robh 'n abhainn ach mur réidhlean,
   'S iad guaillean ri chéil mar b'àbhaisd.
                O gur toigh leam, &c.

Mìle fàilt 'an diugh do'n chommun,
   Luchd nam boinead 's nan coc-àrda,
Luchd nam breacan greadhnach rìoghail,
   Dàn ceol nuallan pìob 's na blàraibh.
                O gur toigh leam, &c.

O Bheinn Nibheis 's o Bheinn Ualhais,
   'S o gach fuar-bheann 'rinn ur n-àrach,
Tha Mactalla ri àrd-luagh-ghàir,
   'S air gach gleann tha'n sluagh gu gàireach.
                O gur toigh leam, &c.

Gheabh sibh gràdh 'us meas o'r dùthaich,
   Taingealachd 'us cliù o'r Bànrighn,
'S bheir mi-fhein le deòin duibh òran,
   Bho'n a rinn a' Cheolruidh bàrd diom.
                O gur toigh leam, &c.

———•⋅•———

## ORAN DHOMHNUILL.

'S ANN moch Diciadain 'thug sinn ar cùlaobh
   Ri tìr ar dùthchais 's bu shunndach sinn ;
Gu'm b'aotrom siubhlach a dh'fhalbh an iùbhrach,
   Air bhar chuan dùghorm bu chiuine leinn.
Bha ghrian gu bòidheach a' dearsadh oirnne,
   'S a gathan orbhuidh' toirt sòlais duinn,
A's air Hanòbhar rinn sinne seoladh,
   'S a' mhuir ri ceol dhuinn le cronan binn.

Ach cian m' an thriall a' ghrian do'n iàr uainn,
   Gu'n dhorch an iarmailt le moran grùaim,
Thoit a's dhùin i gu tiugh m'ar cùlaobh,
   'S bha'n fhairge 'g ùinich le moran fuaim ;
Bha " Gleann Comhann " ro mhath gu seoladh,
   'S bha sgiobadh corr air a bord 's an uair,
Ach ged bha cach uile mar bu chòir dhaibh,
   Gur ann air Dòmhnull a bhios mi luaidh.

O's ann a Uidhist a thainig Domhnull,
  'S bha e de sheorsa Chloinn-ghille-mhaoil,
A's cha bu Spainnteach a bha's an oigeir,
  Ged's iomadh seoladair sud a shaoil.
Bha fhalt cho dorcha ri sgiath na rocuis,
  'S a shuilean colgail le lainnir bhaoth,
'S a chraiceann ciar-dhubh cho sleamhain romach,
  Ri bian an roin a bhios anns a' chaol.

Cha teid mi'n drasta a dheanamh sgèoil duibh,
  Mu'n obair mhoir a rinn e's an am,
Ach leis an spairn 'bh'air a'tarruing corcuich,
  Gu'n chaill e bhrogan * gu h-ard's a'chrann ;
'S an uair bu chruaidhe bha ghaoth a'seideadh,
  Gu'n d'rinn e eifeachd dhuinn nach robh gann,
'N uair gheall e tasdan do chaillich airceil,
  A bha lan airsneil an Uidhist thall.

Bha "Gleann Comhann" air bharr thonn uaine,
  A' falbh cho uallach ri h-eala bhain,
'S gu'm b'e an solas bhi leis a' ghuamaig,
  A mach air chuan far nach faicteadh traigh ;
A's i le sinteag a' dol gu fuaradh,
  A dh-aindeoin nuallan nan stuadhan ard,
Bha briseadh barra-gheal gu doirbh mu cruachainn,
  'S ga 'crith gu guailnean's a' h-uile clar.

'S an uair a rainig sinn Heligòland,
  A' dearsadh oirnne bha 'sholus grinn—
Sealladh aigh sud do shuil an t-seoladair,
  An deigh bhi comhrag ri muir a's tuinn.
"Seall tu an lochran," thuirt mis' ri Domhnull,
  " Gur fad o d'eolas a tha thu, shuinn,
Sinn fad o Albainn a nis 's a' Ghearmailt,
  Measg dhaoine garg 's iad gun seanchus dhuinn."

Le gaire magail 's ann labhair Domhnull,
  " Och ochain, 's gorach, a _Mheistear_, † sibh,

---

* Ghoid Domhnull brogan 's a' phort 's an robh sinn.  Bha iad
mòr dha, agus thuit iad dheth anns a' chrann.
† Dh'fhairtlich air Domhnull riamh, "a Mhistress" a radh.  Is
e " Mheistear" a gheibhinn daonnan uaith.

Sibh an duil gur a buraidh 'n t-òigear,
    Ach cha'n 'eil Domhnull cho fada clith ;
'S ann leis dhinn shios ud tha duthaich m'oige,
    Ochoin 's ann domhsa is aithne 'n tir,
'S e'n solus sonraicht tha dearsadh oirnne,
    Ceann Bharraidh bhoidhich—air 's eolach mì."


Ach anns a' mhadainn 's ann sheall an t-oigear,
    Le ioghnadh mor air gach taobh mu'n cuairt,
Oir ged bha'n abhainn gu sìnteach farsaing,
    Gu'n d'inn's a cladach nach b'i sud Cluaidh ;
Thuit geilt a's airsneul air cridh' an lasgair,
    'S cha labhradh facal 's cha sheinneadh duan,
'S a chas air tir, 's e cho fad o eolas,
    Cha chuireadh Domhnull air mhoran duais.

---

## A BALLAD.

With heart unscathed, and fancy free, I through the
    world had gone
For years, till maidens whispered that my heart was
    made of stone ;
Though pretty eyes looked into mine, still proof against
    their wiles,
No answering glance I ever gave to all their witching
    smiles.

I fain would love, would fain have met some fay the spell
    to break,
Some maiden fair whose fingers could the heart's still
    chords awake ;
For well I knew my ardent soul was filled with hidden
    fire,
I knew what music wild could pour from the long silent
    lyre.

A void was in my life, and my ancestral hall seemed cold,
Nought in it that could gladness give but what was
    bought with gold ;

Fain would I wed, but ah! that void no one I knew
    could fill,
And marriage would but crush the heart whose chords
    were silent still.

I wandered far to distant lands, o'er mount, and sea, and
    plain ;
I've seen the Moorish maidens, and the dark-haired girls
    of Spain,
Italia's soft-eyed daughters, and the blondes of Germany—
But home I turned with heart unscathed and fancy roving
    free.

Ah! that it aye continued so, and I been spared this
    pain ;
Ah! for the wasted music poured upon the winds in vain ;
Ah! for the beauteous flowers dead beneath the frost and
    snow ;
Ah! for the heart so lone and sad, that ne'er can pleasure
    know.

At length, near my ancestral hall, I found the sought for
    fay,
As I rode out one morning in the bonnie month of May ;
Pale as a lily blooming fresh, and beautiful and fair,
And brightest golden were the braids of her most lovely
    hair.

That flower-like face, that queenly form, methinks I see
    her now,
The crown of truth and goodness on her pure white angel
    brow,
Her mourning dress, her small gloved hands, her basket
    full of flowers ;
I see them all as when she stood among the hawthorn
    bowers.

"Oh! welcome home again, Sir Hugh," cried laughing
    Alice Hay ;
"I'm led in quest of beauty here by gold-haired Cousin
    May,

She says her skin is white because she likes the early
  hours,
And her only charm for beauty is the dew-drops off the
  flowers.

" And you have come in time to aid us damsels in distress,
We tried to get that hawthorn branch, and May has torn
  her dress ;
We sought the fragrant prize in vain, and wept in our
  despair,
And, though I did not tear my dress, I vowed to tear my
  hair.

" And when did you return, Sir Hugh ? and will you long
  remain ?
Or have you not brought home a bride from the dark
  maids of Spain ? "
While Alice prattled thus, I gazed upon the lovely fay,
The little nut-brown maid had called her gold-haired
  Cousin May,

Our eyes met, and the deepest tint upon the red June rose,
The brightest glow that sunset casts upon the mountain
  snows,
The crimson cloudlets that adorn the gates of opening day,
Were ne'er so lovely as the blush upon the face of May.

I gazed, and felt these violet eyes could wound or make
  me whole,
That lily hand could wake to joy the music of my soul ;
The mystery of life had come—the magic spirit band—
The charm that gives to common things the look of fairy-
  land.

My bosom thrilled, but as I caught the snow-white
  hawthorn spray,
Its petals ripe came show'ring down, upon the head of
  May ;
And Alice cried out "poor Sir Hugh, to grief and sorrow
  born,
You've given all the flowers to May, and you have but
  the thorn."

Oh! lightly spoken words of truth; oh! fatal thorn to me,
The emblem of the misery I've borne, dear love, for thee;
And all the joys to thee I've given, where fain I'd heap
    my sheaves,
Might well, alas! be likened to that shower of scattered
    leaves.

Oh! how I loved my darling May, May of the golden hair,
May of the deep bright violet eyes, and skin so snowy fair,
May of the heart as pure as light, the high-toned loving
    soul,
May who has wounded me to death, but ne'er can make
    me whole.

I saw she loved me in return, I read it in her eyes,
And hope was sweetly whispering that I would gain the
    prize;
Though when I lingered by her side, and saw her look so
    grave,
I often wondered if my love a painless pleasure gave.

And Alice ceased to tease me as she had been wont to do,
And there was pity in her tones whene'er she said "Sir
    Hugh;"
And her gentle mother hinted in the softest, kindest way,
Of some lover who was writing to my darling gold-haired
    May.

As the joyous golden summer days had flown into the
    past,
And the roses, once so beautiful, were scattered in the
    blast;
A shadow o'er my spirit fell, a strange and nameless pain,
The brightness of the dream was gone that ne'er could
    come again.

One autumn evening as I walked out through the woods
    alone,
My heart was yearning, hungering for the queen upon its
    throne,

And I turned to the dear old spot—the fragrant hawthorn
  bowers,
And found my darling weeping there alone among the
  flowers.

" What is it, May ? what is it, love ? the tears are on thy
  cheek,
You must have read, my own dear May, the love I dared
  not speak.
Oh ! can I dry thy beauteous eyes, or ease thy bosom's·
  pain ?
What is it, May ? what is it, love ? why do these tear-
  drops rain ? "

" Oh ! do not speak of love, Sir Hugh ; oh ! help me to
  do right ;
I've wandered far from duty's path, and conscience now
  doth smite ;
I've lingered gladly by your side, and listened to your
  voice,
And in the love-light in your eyes, I've let my soul rejoice.

" Whilst I am pledged, this hand is pledged, and soon I'll
  be a bride ;
My father gave my hand away upon the day he died ;
And now I've let my soul indulge the golden dreams of
  youth,
Nor thought that I was wandering from the higher ways
  of truth.

" The dream is broken—my betrothed will here to-morrow
  come,
And he says I must name the day when he will take me
  home.
Oh ! help me to do right, Sir Hugh ; my heart is aching
  sore,
And you must bid me here farewell, and see my face no
  more."

I loosed my neckerchief and vest, to ease my bursting
  heart,
I gazed upon my darling, and I knew that we must part

She like a priestess, pure and high, stood by the altar fire,
To sacrifice, at truth's command, her heart's most dear
    desire.

Sublime, and beautiful, and bright, stood darling gold-
    haired May,
Like the first star that sheds its light upon the closing day,
And though my soul all passion-tossed, was filled with
    bitter pain,
For her dear sake I strove my grief and sorrow to restrain.

I could not tell her of the love that in my bosom burned,
How hungering, thirsting, aching sore, my spirit o'er her
    yearned;
I saw the depths of sorrow in her lovely angel eye,
As she called on me to aid her in her purpose pure and
    high.

The dew was falling heavy, and my love looked chill and
    cold,
And, as her mantle o'er her form I silently did fold,
A sudden impulse made me strain my darling to my heart,
Saying, "May, does truth indeed command our aching
    souls to part."

Her bosom lay one moment on my wildly throbbing
    breast,
And I knew her dearest wish was that it were her place
    of rest,
But she raised her face, serene and calm, and whispered,
    " Now 'tis o'er,
And you will bid me here farewell, and see my face no
    more :

"For we must part—my mother's wrath, I would not
    dare to brave,
Nor would I stain my father's word, for he is in his grave,
And I'd rather you would go through life all lonely and
    forlorn
Than that you'd wed a perjured bride, whom all the
    world would scorn.

" And this grief I in my breast must hide, 'twould be
    unkind to tell
Guy Stanford of this cruel pain ; I know he loves me
    well :
He said my sisterly regard would grow to love through
    time ;
It never can, and ah ! this pain seems near akin to crime."

I took her face between my hands, and gazed into her eyes,
The eyes I thought would light me on to every high
    emprize ;
And if my lips had lingered long, on cheek, and brow
    and hair,
Each kiss was but the seal of woe, the signet of despair.

As when, in Eastern climes, the sun goes down, night
    comes apace,
With no twilight, where the footsteps of departing light
    we trace ;
So the clouds of night and darkness took the place of
    golden day,
When my arms again were empty, and my love had gone
    away.

No moon was in the heavens that night, no star shone
    down on me,
As I lay all torn and bleeding 'neath that dear old haw-
    thorn tree ;
I tried to cool my burning brow among the weeping
    flowers,
And meet my sorrow there alone, in the dark midnight
    hours.

I wandered far to distant lands, o'er mount, and sea, and
    plain,
I saw the Moorish maidens, and the dark-haired girls of
    Spain,
Italia's soft-eyed daughters, and the blondes of Germany,
But there was none among them all could healing bring
    to me.

At length, when tired of wandering, I thought of turning
    home,
I strolled alone one evening through the quaint streets of
    Rome,
Where I met young Harry Leslie, who, with pleasure
    and with pride,
Said I must see his painting of a fair young English bride.

"Not her white skin," he said; "tho' it with pink sea
    shell tinge glows,
Not her fair cheek, tho' on it blooms the early summer
    rose,
Not even her golden hair, nor yet her eyes tho' bright
    they shine,
But the secret charm that makes her seem less mortal
    than divine.

"A streak of the Madonna's grief, in shadow of the
    cross,
Softens her smile as if her heart had known some scathing
    loss;
And tho' her joyous bridegroom seems true-hearted, good,
    and kind,
He ne'er can touch in sympathy her deep, poetic mind.

"If she has loved, she has given all the passions of her
    life,
But he's of lighter feeling, though he dearly love his
    wife;
And he would weep in sorrow if he'd hear her funeral
    knell,
Yet he would wed another bride, and love her quite as
    well."

I smiled at the enthusiast, and bade him guard his heart,
Lest Cupid, without asking leave would aim at him a
    dart.
"No, no," he said; "though I was glad her glorious face
    to paint,
I felt but as a devotee that kneels before a saint.

"She has a cousin much less fair, but such a joyous heart,
She is my dream—were I but rich, we never more should
    part ;
Her buoyant soul could sweeten the most bitter cup of
    life,
And her eyes have told she'd not say nay, if asked to be
    my wife."

As thus we chatted on, we reached the artist's shady
    bower,
Round which the vine trees thickly twined, and many
    a fragrant flower ;
But, oh ! my cry of anguish did my heart's deep wound
    betray,
When from the canvas gazed on me the face of gold-haired
    May.

I fled from Rome, a poisoned sword had pierced my
    aching soul,
And the deep passion of my heart was stirred beyond
    control ;
I fled and sought the loneliest wilds, far from the haunts
    of men,
Until my grief again was locked beyond all human ken.

For she was wed, my darling May—May of the golden
    hair,
May of the deep bright violet eyes, and skin so snowy
    fair,
May of the heart as pure as light, the high-toned loving
    soul,
May who had wounded me to death, but ne'er would
    make me whole.

One night, as I lay down to sleep, in a far southern wild,
Where the night birds warbled sweetly, and the moon-
    light softly smiled,
Where the deep hum of busy life would never wake the
    morn,
And seldom even the quiet was broke by peasant's pipe
    or horn.

I know not if I slept or waked, but o'er me there did bow
A white-robed form of beauty, that knelt down and
       kissed my brow,
And whispered in such heavenly tones, " Arise, go home,
       Sir Hugh,
Redeem again your wasted years, there's work for you to
       do.

" Go to the suffering and the sad, and heal life's broken
       springs,
Go to the weary and oppressed, help faith to spread her
       wings ;
The wanderers on life's byways shield from the dark ways
       of crime,
There's flowerets, craving for thy care, among the thorns
       of time."

Gone was the lovely vision ; but, obedient to the call,
I turned homewards once again to my neglected hall,
And there, with mingled joy and grief, I learned from
       Alice Hay,
That in the grave was laid to rest my darling gold-haired
       May.

My dear one seemed again my own, no severing wall
       between,
My ardent love no longer pained, as if it were a sin.
And there is rest, and balm, and bliss, in the assurance
       given,
That those who had been wed on earth, will not be so in
       heaven.

And oft I see May's white-robed form, as o'er me she did
       bow,
And the pressure of that angel kiss still lingering on my
       brow,
Seems daily urging me in life my duties to fulfil,
And prove a true interpreter to man of God's good-will.

And little nut-brown Alice now is Harry Leslie's wife,
And they have proved the comforters and blessings of my
       life ;

And my companion, night and morn, is a tiny prattling
   fay,
Who has the name, and angel looks, of darling gold-haired
   May.

And when I'm weary, oft I sit, beneath the old grey thorn,
And long with sweet expectancy for the bright coming
   morn ;
I gaze across the silvery stream that doth us twain divide,
For I know my love is waiting till I go to yonder side.

---

## ORAN DO THOBAR A CHUNNAIC MI ANN AN TRAIGH LOCH ERIBOL.

### SONG TO A SPRING IN THE BEACH OF LOCH ERIBOL.

Ciod e chuir thu, Thobair fhior-uisg',
   Dh'iarraidh anns an tràigh do chuaich',
Far nach tig an t-eun a dh'òl dhiot,
   'S nach cinn feoirnein air do bhruaich

Gur milis 's gur grinn thu, Fhuarain,
   'S air leam fhein gur cruaidh do dhàn,
Am falach am broilleach na mara,
   Fhad 's a mhaireas am muir-làn.

B'fhearr leam d'fhaicinn anns an fhireach,
   No an innis ghuirm nan craobh,
Far an òilt' thu moch us feasgar,
   Leis an eilid 'us a laogh.

Far an tigeadh an damh cabrach,
   O 'leabaidh 's a' chreachunn fhuar,
'Dh'òl gu deòthasach de 'n fhior-uisg,
   'Rinn fhalluinn co sgiamhach tuar.

Far an iarrt' thu leis an t-sealgair,
   Sgith 's an anmoch tighinn o'n bheinn,
'S 'n uair a dh'òladh e a leòir dhiot,
   Cha lùbadh e 'm feòirnein fo 'bhuinn.

G

Far an tigeadh eoin a' bigil,
  'Fhliucheadh ribheid nam ponc binn,
Seal mu'n dùisgeadh iad a' choille,
  Le coireall nan laoidhean grinn.

Far 'm bu mhiann le maighdinn bhòidhich
  'Bhi cumail na còmhdhail àigh,
'G eisdeachd as ùr cliu na maise,
  'Chuir lasadh an cridh' a gràidh :

I 'goid seallaidh tric á d'sgathan,
  De 'n àilleachd mu'n d'rinn e sgéul,
'S 'n uair a chromadh i a dh' òl diot,
  E 'maoidheadh dhut pòig o 'béul.

B'annsa leam an sud thu, thobair,
  Na 'bhi feadh nan clachan garbh,
'Dòrtadh do shruthanan soilleir
  Am broilleach nan tonnan searbh ;

'Dòrtadh d'fhior-uisge gu diomhain,
  'S ged dh'fhiachadh tu gu La-Luain,
Cha dean thu 'n cladach na's grinne,
  'S cha dean thu milis an cuan.

### FREAGAIRT AN TOBAIR.

Ciod a chuir thu, 'bhean, 'g am chumha,
  Ged is garbh 's is dubh mo chuach,
Ged nach e grinneal is grunnd dhomh,
  'S nach cinn flùran air mo bhruaich.

Tha mi anns an tràigh cho suaimhneach,
  Ag éisdeachd ri nuallan nan tonn,
'S ged bu cheol dhomh na h-àrd langain
  Aig leannan nan aighean donn.

Cha 'n eil grinneas na mna-uaisle
  Ceangailte ri luach a séud,
'S ged bhios riomhadh daor mu'n fhiodhuill,
  Cha dean sud na's binn' an téud.

'S ged bhiodh ròsan, feur, us biolair,
  Mu m' bhile 's an aonach àrd.

'S e na b'fheairrd mi fhein sud agam,
  'Bhi maiseach an sealladh Bàird'.

'S ioma bean tha 'm bothan brònach,
  Aig a' bheil sòlas 'n a crann,
Nach eil aig baintighearnan mòrail,
  Aig a' bheil an t-òr neo-ghann.

'S ioma bean a tha mar mise,
  A' dòrtadh ionmhas a gaoil
Far nach fhaigh i meas no pris air,
  Gus an ruig i crioch a saoghail.

'S ged tha mise leth mo latha
  'M folach am broilleach an loch,
Eadar tràghadh agus lionadh
  Bheir mi do 'n iotmhor a dheoch.

'S ged nach tig a ghreadhan uallach,
  Dh'iarraidh fuarain feadh nan clach,
'S tric ag òl dhe' m' shruthain fhior-uisg'
  An eala, an giadh, us an lach.

'S ged bhithinn gu flurach 's na tolmain,
  No an innis ghuirm na tùis,
Cha deanadh tu fhein dhomh òran,
  'S cha 'n fhaiceadh tu bòidhchead na m' ghnuis.

Cha dean mi 'n cladach na's grinne,
  'S ris a' chuan cha bhi mi 'stri,
Ach bheir mi mo shruthan gu milis
  Do'n àite anns 'na chuireadh mi.

St. Petersburg, a's t-Fhoghar, 1875.

———•••———

## THE ISLE OF CANNA.

Oh, tell me not of Eastern groves,
  With palm-tree and banana,
Give me a cot, and let me dwell
  In the green isle of Canna.

Though bright the sun shines in the West
    On Prairie and Savannah,
More soft his smiles fall, and more sweet
    Upon the braes of Canna.

Oh, were I sought by Eastern King
    To be his loved Sultana,
I'd rather list thy winds and waves,
    And rest in thee, fair Canna.

With one loved friend, whose smile would be
    To me like daily manna,
I'd gladly live and calmly die
    In thee, my bonnie Canna.

I would not in the moated Grange
    E'er wail like Mariana ;
I'd drink the sunshine of the heart,
    And happy be in Canna.

The wines of France we ne'er would seek,
    Nor weeds from fair Havanna,
Contented with the homely fair
    And balmy air of Canna.

Though Syria's haughty chief might praise
    His Pharpar and Abana,
I'd rather bathe in the blue waves
    That kiss thy shores, fair Canna.

And sweeter than the sweetest songs
    On harp played or piano,
The voices 'mong thy terraced braes
    That waken day, green Canna.

Oh, I have been in all the lands
    From Russia to Hispania,
And thou art gem of all I've seen,
    Thou sunny, breezy Canna.

Farewell, farewell, thou happy isle,
    Abide in thee I maunna ;
But smiling years, with plenty crowned,
    Be aye thy dower, O Canna.

May day's high king grant thee his beams ;
    And silver-bowed Diana
Give summer dews in crystal showers,
    To steep thy flowrets, Canna.

In wintry mists, though winds may rave,
    The storm king's wild Hosanna ;
His songs to thee be soft and low,
    Pearl of the ocean, Canna !

## A BALLAD.

THE restlessness that makes the heart in grief desire to
    roam,
Made me one summer long gone by oft wander from my
    home,
My little prattlers one by one were laid beneath the sod,
And I ne'er tried to bend my soul, or kiss the smiting rod.

I often roamed thro' Erlingchase, where once the hunting-
    horn,
And merry men with horse and hound, would wake the
    early morn ;
But now throughout the lordly parks reigned silence
    still and deep,
And there, when weary, oft I turned, and sat me down
    to weep.

I went one eve to rest within a flowery little dell,
Where the grass was strewn with the rose-leaves that in
    the light winds fell,
And there I found a wearied one, whose look of pain
    foregone,
And patient sweetness 'midst her woes, would melt a
    heart of stone.

But though her garb was stained and worn, her proud
    imperial grace
And sweet-toned voice told she had sprung from some
    old kingly race.

I gazed upon the beauteous one that sweetly on me smiled,
And thought of an exotic cast to die upon the wild.

"O worn and weary-looking one," I said, "tell me thy
      tale :
What is the wound within thy breast that makes thy
      cheek so pale,
That lined so deep the rosy mouth once curved with love
      and pride,
The soul took from the smile that now but whispers hope
      has died ?

" Hide not thy cruel wounds, dear heart, for I have skill
      to bind
And soothe with sympathy's good balm the bruises of the
      mind ;
For I have borne within my soul sore anguish, grief, and
      pain,
That you might search a thousand hearts, and seek for
      such in vain."

" And if thy griefs were more than mine," she answered
      soft and low,
" Thou'lt say when I to thee unfold my tale of bitter woe,
I would not mourn, methinks, though all my hopes and
      joys took wing ;
But 'tis to blight where fain I'd bless that gives the cruel
      sting.

" I stood on fortune's golden height, where velvet lined
      my way,
Where laden came each fairy hour with all that's bright
      and gay.
Friends thronged my home to woo my smile, or glad
      me with their own,
Though now I wander far and wide unaided and alone.

" And lovers came to tell their tale, with rapture in their
      eyes,
And vowed they cared not for my gold—I was their
      sought-for prize.

But all my love was Cecil Vere's, a thousand times I said ;
I wished I had an empire's crown to place upon his head.

"If I could have made Cecil blest, oh ! I would ne'er
  repine,
Unseen, unnoticed, and unknown, if but his love were
  mine.
My sire was gay Sir Ralph de Clare, I was his only child ;
I've heard my mother weep, and say his ways were
  strange and wild.

"She died, and I, a thoughtless girl, danced merrily and
  gay,
And knew not in his hands my wealth was ebbing fast
  away.
One morn they found him in his room all cold, and stiff,
  and dead ;
A pistol in his hand was clutched, a shot was through
  his head.

"These must be raindrops on my face—I never shed a
  tear ;
Their fountain all was scorched and dried with grief and
  pain and fear.
Well, when my sire was in his grave I had to leave my
  home,
With nought but the great agony that to my soul had
  come.

"'Twas then I thought of all the times my father to me
  came
With cheques on which, with gifts and smiles he bade
  me write my name.
Oh ! madness—with what faith I wrote on what I never
  read !
And I to-day am lone and poor, and he is with the dead.

"The friends that thronged my tiny court, and hailed me
  as their queen,
When ruin's whirlwind came forgot that I had ever been.
But, oh ! I cared not for them all if Cecil had but come.
He came not, and as I have said, I had to leave my home.

"My maid, a girl who served me long, wept o'er my
    hapless lot,
And begged of me with her to share her brother's humble
    cot.
My helplessness and wish to leave a world that seemed
    so cold,
Made me consent, for I had gems that could be turned to
    gold.

"There Mary, with a beauteous grace, aye strove to make
    me feel
That she was but my humble maid, and I her mistress
    still ;
And Harold was so great and strong, so tender, true, and
    wise,
With his dark crown of curling locks, his large, deep
    azure eyes.

"I rested in their lowly home among the Scottish hills,
And gladly drank their kind good-will, pure as the
    mountain rills,
Until at length a shadow fell, and I beheld with pain
Young Harold gave his wealth of love where all his love
    was vain.

"I pitied him, as day by day I watched his cheek grow
    pale ;
His manly form drooped as the bough that bends before
    the gale,
My griefs had made me pitiful and grateful to this youth,
Who seemed the first who ever gave me love that was a
    truth.

"I thought at length if I this soul could fill with joy
    and love,
My aimless, wasted life might still a nobler mission prove.
My mother's string of pearls, with which I used to braid
    my hair,
Might bring life's higher things to him who blessed me
    with his care.

"For he was of no common mould; there met in him
    combined
A knight's most graceful chivalry, a poet's lofty mind ;
And as he read to us at eve, or played the violin,
His beauteous face beamed with the light that shone out
    from within.

"In honour he concealed his love, so I one summer eve
Went to him where he often sat his chequered dreams to
    weave.
And when I offered him my hand he gazed like one
    gone wild,
Then calmly said, 'It cannot be, thou good and lovely child.

"'I'd die to get thy soul's embrace, though doomed to
    live apart ;
But, oh! my love, I could not take thy hand without
    thine heart.
I could not do so great a wrong, though my heart tempts
    me sore
To strain thee to my breast as mine, and keep thee ever
    more.'

"'Then Harold, we'll not part,' I said, 'thy love is so
    divine ;
The smoking flax of mine must burn near such a flame
    as thine.'
He kissed my hands in silent joy, and feasted on each
    kiss,
Whilst I thought what a bliss were mine had Cecil loved
    like this.

"Upon our bridal morn he came and took my hand so
    grave,
And asked if I would ne'er regret to him the gift I gave,
My high-born self, so young and fair—a prize for belted
    earl,
I whispered 'No ;' he smiling, said I was a foolish girl.

"His worship beamed in his bright eyes, he kissed my
    hands and face,
And spoke of his resolve to win for me a higher place,

I, laughing, said I was content with this our humble lot,
And I would learn to bake and spin, and clean our pretty
    cot.

"At noon that day the words were spoke that made us
    one for life,
And Harold proudly hailed me then his own beloved wife,
I trembling stood, I knew not why, I felt such pain and
    fear;
I raised my eyes—they fell upon the face of Cecil Vere.

"My own loved Cecil, with the old sweet lovelight in his
    eyes;
And there he stood, as dumb as stone, with anguish and
    surprise.
I gazed at him in speechless woe, then shrieked in my
    despair,
I, fainting, fell, and when I woke my Cecil was not there.

" I felt my mind was giving way, and, oh! I'm thankful
    now
I clung around dear Harold's neck, and kissed his lips
    and brow.
I shrieked aloud, he gently soothed, and asked in tender
    love,
' Who was the hawk that frightened thus his own sweet
    wounded dove?'

" ' Alas!' I cried, ''tis him I love, and he has come too
    late;'
And then I thought how my rude words embittered
    Harold's fate,
When he said, as he clasped me close, ' Ah! idol of my
    soul,
Thine Harold would be glad to die if thy wounds were
    made whole.'

"Then reason fled, and ere night came a maniac I was
    bound
And Lorne to a rude place whose name even has a hateful
    sound.

# 

Some years passed o'er, then I was free, and I sought dear
   Harold's home;
The one sweet, quiet, peaceful spot where rest to me
   could come.

" His home had quiet and peace and rest, but no place
   for his bride,
Beneath a grassy mound he slept, with Mary by his side.
Oh, Heaven! what anguish filled my soul as from that
   grave I fled,
A widow that was ne'er a wife, a maid that had been wed.

" A bitterness to all I loved more direful than a foe;
Where'er I sought to waken joy I brought but pain and
   woe.
And now I know I'm near the end, and I have wandered
   here,
That ere I die I may behold the face of Cecil Vere."

She ceased to speak, and seemed so faint I bade her lie
   to sleep
An hour upon the fragrant grass, and I a watch would keep.
And as I watched, a gentleman of noble form I spied;
I gazed at him as he drew near, then eagerly I cried,

" Now, by thy locks of curling gold, and by thine eyes so
   brown,
And by thy stately loftiness that fits thee for a crown;
And by the griefs that softly veil the glories of thy face,
I think thou must be Cecil Vere, the Lord of Erlingchase.

" And if thou art, behold the wreck of one who loved
   thee dear,
And who to see thy face and die in weakness wandered
   here."
He listened, breathless, as her tale in eager haste I told,
Then knelt in silence, wept, and kissed her locks of
   shining gold.

He took her gently in his arms, and in such tones caressed
As mother whispers to the babe that's dying on her breast,

" My beautiful Adele—my own, my fair and tender flower,
Why didst thou not thy Cecil trust in dark misfortune's
        hour ?

" My sire had heard thy wealth was gone, then sent me
        off to sea,
By cruel guile, ere I had learned what had befallen thee.
When I returned and heard the tale of thy most bitter
        fate,
I madly sought thee far and near, and found thee, love,
        too late."

" Too late again ; we meet," she said, " my Cecil but to
        part ;
But, oh ! my love, 'tis bless enow to die upon thine heart.
Fold thy dear arms around me close, light's fading from
        my view ;
But to my soul 'tis bliss untold to know that thou were
        true."

The setting sun poured forth his beams of crimson and
        of gold
Upon the sad and weary face that grew so wan and cold.
She saw them not—her beauteous eyes in death were
        getting dim ;
She knew but that her love was near, and she was dear
        to him.

She pressed her pale lips to his face, and whispered as
        she died,
" With Harold Gordon bury me on green Benledi's side ;
Thou, Cecil, wert my love thro' life ; but sacred still
        must be
The sorrow of the kindly youth that died for love of me."

He gazed in anguish on her clay, then gasped forth, " It
        is best—
Death has been kind—thou didst not know I would not
        break thy rest.
Within the halls of Erlingchase there reigns a stately dame,
Who neither gave nor sought for love, yet wears thy
        Cecil's name.

"My sire, alas ! thy thirst for gold a wealth untold has
    cost,
The love, the tenderness, the joy, that to my life are lost ;
And thou, loved martyr, fair Adele, thou'lt sleep by
    Harold's side,
And oh that I even thus could be in death to thee allied."

I raised a rebel voice no more against the chastening rod,
Nor murmured that my little ones were safe at home
    with God ;
The deep despair in Cecil's heart my loved ones ne'er
    could feel.
Nor yet the untold agonies that crushed the fair Adele.

## ON SEEING A LITTLE CHILD DYING FROM THE EFFECTS OF SCALDING.

Poor bleeding hearts though to your garden came,
    The dark-robed angel and your bud he called,
Trust Him who sent him—Love is still His name,
    Although your flow'ret was so roughly pulled.

Reason would question, where Lord is the love?
    Seeing yon prattler on her little bed,
All beauteous and gentle as a dove,
    Tossing in anguish her bright golden head.

Faith sees the hieroglyphics, writ by thee
    Though it can't read them, yet it knows them right,
We go to Calvary, and there we see,
    The heart of love, moving the hand to smite.

Each life vicarious is—so is each death,
    Though not as His who for His people died,
Our hearts are hard, before the seed of faith
    Can e'er take root, we must be deeply tried.

Our tenderest hopes grow oft round transient things,
    In mercy God will chase them from our sight ;
Our eyes strain upwards as they take their wings,
    Till earth grows dark and heaven alone seems bright.

And this one's death is better than his life,
  We loved and lost—they were to us but given,
That our deep love for the frail child of earth,
  Might twine on high around the child of heaven.

———◦◦———

## FRAGMENT OF A POEM WRITTEN ON THE DEATH OF D. C. KILMALLIE.

WHERE Christ His glorious mansions builds,
  Where angel hands each chaplet weaves,
Where fruit the tree of knowledge yields,
  And death lurks not among the leaves.

There, victor over death and strife,
  Although our loved one waves his palm,
The God who gave him endless life
  We praise, with sorrow in our psalm.

Faith gladly sees him 'mong the blest,
  But nature fain would to the throne,
To pluck him from Immanuel's breast,
  And press him closely to our own.

Still though our cry goes up to God,
  Our darling, would we died for thee,
He knows our wish to kiss the rod,
  And loving, humble children be.

'Tis not the tear that's lightly shed
  That God will in His bottle keep,
But that which from the soul is bled,
  Though it might ne'er the eyelids steep.

———◦◦———

## THE DYING WORDS OF RACHEL JENKINSON.

MOTHER! will my own Jesus
  Not come and take me away?
For, oh! I am so weary,
  In this falling cot of clay.

Why do His chariots linger,
    On these borders of unrest ?
Oh ! for a dove's swift pinion,
    To bear me to His breast.

I long to see my Jesus,
    To get my blood-bought lyre,
To sing sweet halleluias
    Among the white-robed choir.
To hear the angels' welcome
    That awaits me in His home,
And Maggie joining sweetly,
    Dear Sissy, I'm glad you've come.

Oh ! for the glorious mansion,
    From sin and sorrow free ;
Oh ! for the band so radiant,
    That walks the jasper sea.
I love you all, my dear ones,
    But would not longer stay :
Mother ! will my own Jesus
    Not come and take me away ?

## BOWSING THE JIB.

DEDICATED TO ALL THE WIVES WHO REFORM THEIR
HUSBANDS WITH THE SPELL OF LOVE.

I ONCE was a jovial chap, social and happy,
Wha lo'ed wi' a cronie to sit ower the drappie ;
Though I seldom got fu'—I'll no tell a fib—
There was whiles I gaed hame wi' a bowse in my jib.

My mither said, " Laddie, I think ye maun marry—
There's Elspet M'Tavish and Kirsty M'Quarry ;
Ye ha'e slipp'd frae my hands ; gin ye had ane o' they,
She aiblins could guide ye the gait ye should gae."

I lauched and said, " Mither, I'll no wed wi' either,
Though Kirsty's a han' ane could trust wi' a tether ;

'Tis ne'er for a wife tae auld Clootie sae sib
I'd barter the pleasure o' bowsing my jib.

" A bee has a sting aye although it has honey,
And Elspet a tongue has although she has money ;
And a wee bird has whispered 't wad tak' a bit stell
Tae mak' a' the drappies she tipples hersel'."

She shook her auld head, and she groaned and lamentit,
And vowed that the day wad come when I'd repent it,
And syne fleeched as vain that the apron and bib
I wad wear, and gi'e over the bowsing my jib.

'Mang a band o' fair maidens, wi' frolic and laughin',
In a bonnie May gloamin' sae lichtsomely daffin',
I saw a young fay wi' the grace o' a fawn,
And a beauty as soft as the licht o' the dawn.

I dreamed a' the nicht as I lay on my pillow
O' her bricht, laughin' een that were blue as the billow ;
And I vowed if I got the sweet fay for a rib
I'd ne'er again seek tae gang bowsing my jib.

I coorted her lang, for sae firm was my lassie
'Gainst wedding wi' ane who lo'ed goblet and tassie ;
Syne I pledged her my word, if my lot she wad share,
For her sake that the apron and bib I wad wear.

She cam' tae my hame wi' her love's gowden dower,
And my life has been ae dream o' bliss since that hour ;
My wifie's noo rocking a white-covered crib,
And I never seek tae gang bowsing my jib.

---

## COMRADH

### EADAR AM BARD 'S A' CHLARSACH AIR A SGRIOBHADH AIR SON COMMUN GAIDHLIG INBHERNIS.

A CHLARSACH ghaoil, O ! cuime nochd,
Nach cluinn mi uat ach osna throm ?
'Nuair b'aill leam luinneag bhi gu binn
Seirm feadh gach coill, is machair lom.

O mosguil, a Chlarsach na Tuath !
Cha b'e do dhualchus caoidhrean bròin,
Is toinnidh mis' umad iadh-chrann,
Mìn-fhraoch nam beann is canach lòin.

Is tric a mhol thu le h-ard phonc
Na mic shona a thoill do rainn,
Dùisg is seinn do'n Chomunn chaomh
A tha an diugh na d'aobhar cruinn !

Is iomadh sar bhios cruinn a nochd,
'S an comhradh ard mu thir an fhraoich,
Tir nam beann 's nan gleanntan aigh
Is tric a dh'araich na sar-laoich.

An comhradh binn mu chainnt nam Fiann
Leam is miann bhi 'g éisdeachd riu,
Is pioban tartrach le binn cheol
A' toirt na tim' a dh'fhalbh dhuinn dluth.—

A' dusgadh fearalachd 's gach sonn ;
Is baintighearnan le fonn neo-ghann
A' deanamh gairdeachais le h-aoibh
An cuimhneachan nan saoi a bh'ann.

### A' CHLARSACH.

A nighean ghaoil, gur mor mo run
Air Comunn ur nam fiuran treun ;
Mar bhata do laimh an fhir aosd'
Tha comhnadh nan laoch dhomh fhein.—

Iad dhomh mar bhraonaibh ciuin a' Mhàigh,
A bheir caoin-bhlàth air lus is géig ;
Mar ghathan soluis na coinnle,
A bheir drills' air soillse na léig'.

Mar aiteal grein do'n duine thinn,
Mar chopan fìon' do'n chridhe fhann,
Tha na Comuinn so toirt beath as ur
Do chlarsach bha tursa feadh bheann.

Ach cha sheinn mi luinneag a nochd,
'S air caithream ard cha dean mi luaidh,

'S ann tha mi ri mulad 's ri caoidh
Mu thir mo ghaoil 's mu chlann mo shluaigh.

Thig leamsa gu Beinn Nimheis aird,
'S a ris gu Beinn Fhuathais an fheoir,
Is ma tha faireachduinn na d'chridh'
Chi thu na bheir uat do threoir :

Na bothain chleachd bhi air gach raon,
Is gu dlu mu thaobh nam beann,
'S fuar an teallaich 's fad air faontraidh
An dream ghaolach chleachd bhi annt'.

Far am biodh mnathan caoin-gheal, grinn,
A' togail am maothrain a suas,
Gu ceatharna fhoigheantach laidir,
Bu ro mhath a phaigheadh an duais.

Gu ursainnan-catha nach geilleadh,
Ged a bhiodh an eiginn cruaidh ;
Bu smior iad an cnaimh nan ceann-feadhna,
Ged 's e nochda sgeul mo thruaigh !

Nach fhaicear an clann air na raoin,
No 'n oigridh na'n sgaothan 's na glinn ;
Is luinneag bhuana, bhleothainn, no luaidh
Cha chluinnear o ghruagaichean grinn.

Dream mhor gun fheincalachd, gun cheilg,
'S na'n rioghalachd bu choma leo
Ged a mharbht' an teaghlaich 's iad fhein
Na'm biodh an cinn-fheadhna beo !

Cha chluinn mi 'nochd an tir an fhraoich
Ach coin is caoraich, 's glaodhaich Ghall,
'S cha'n ioghnadh mis' a bhi ri' caoidh
'S mo theud a bhi gu h-aoibhneas mall.

### AM BARD.

Is ioghnadh leam fhein do chainnt,
A chlarsach ghrinn nan teudan oir,
Ged is sgapt' tha sliochd nam fear
A thogadh creach 's a leanadh toir.

Cha choir do d'phonc-sa a bhi tùrsach,
Is uaibhreach a dh'fhaodas tu seinn,
'S lionmhor, ainmeil feadh an t-saoghail
Sliochd na laochraidh bha na d'ghlinn.

Cha'n eil ni bh'ann ri m'linn fhein
Do ghniomh euchdach a sheinneadh Bard
Anns nach robh pairt de d'chloinn air tus
A' cosnadh cliu is urraim aird.

Bha Sir Cailein le Ghaidheil threun'
Riamh buadhar 's an streup mar bu dual,
Le 'm pioban 's am brataichean sroil
'S an claidh'an mor is goirt a bhuail !

Ach cha 'n ann 's a chogadh a mhain
A choisinn deagh chliu le d'shuinn,
Cha mho 's ann a' direadh nam beann
A shealg an daimh 's na h-eilde duinn.

Ach 'an cogadh a mhath ris an olc,
Na'n treun ghaisgich churanta mhor,
Ag claoidh luchd foirneart anns gach tir,
'S a' cumail neart ri luchd na coir'.

Ag giulan soluis gu duthchan cian
'S 'am measg fhineachan a b'fhiadhaich greann,
Mar ghathan oir troimh na dubh-neoil
An casan glòrmhor air gach beann.

An t-ollamh Duff 's a chiabhan liath
Na 'n coron sgiamhach air an treun,
Sar ghaisgeach 'an cogadh na firinn—
'S tha am mìli ud leat-fhein.

'S am Muileach, Daibhidh Mac Dhunleibhe,
Mar reul na maidinn 's an tir chian,
Thriall e troimh neoil is deuchainn ghéir
A dh-innseadh gu'n eireadh a' ghrian.

Mar abstol ard bha e do'n t-sluagh
Nach cuala mu fhlaitheas no Dia,
Is bhriseadh leis cuibhreach an traill
Mu'n d'fhalbh e gu Parais an Triath.

Dh'fhag e mar dhileab g'a dhuthaich
Cungaidh a chur ris an lot chruaidh,
Slabhruidh an truaghain a bhristeadh
'S a thoirt gu meas 'am measg an t-sluaigh.

'S an t-oigfhear a chaidh mach na 'lorg
Feadh fhineachan borba tir na grein',
Is Camshronach o Lochaidh e,
Meangan ard dhe d'chraobhan fhein.

'S tha air do chul na dh'innseas deas
Do bhuadhan 's a sheasas ard-chuis
Do dhaoine, do dhuthcha, 's do cheol,
O'n Bhanrigh mhoir is caomha gnuis.

'S Ceann-feadhna gaoil a' Chomuinn aigh
A sheinn sinn, a chlarsach nan teud,
An t-ard-fheallsanach, Blackie nam buadh,
Ceannard uasal 'measg nan ceud !

'N uair tharruingeas e 'chlaidheamh le smachd
Is niarachd mac bhios dhut na 'namh
Is ge b'e labhras fòil mu d'thir
Bheir e chridh' dha 's a dheas lamh.

Mile failte do'n Cheann-fheadhna !
'S do Chomunn greadhnach tir an fhraoich,
Tir thuathach nam feara laidir
A bhios, mar bha iad riabh, na'n laoich !

---

# A NIGHT SONG.

### WRITTEN IN A TIME OF TRIAL.

AIR :—"*My Jesus, I love Thee.*"

Thou hope of the sinful and help of the weak,
Thou stay of the weary, Thy smile will I seek,
Guide of the wanderer, Star of the Sea,
        Oh, beam on my darkness,
        Oh, beam on my darkness,
        Oh, beam on my darkness,
            And lead me to Thee.

Balm of each sorrow, oh come to my soul,
The wounds of my heart Thou canst soothe or make
    whole ;
Alone in the tempest, bright Star of the Night,
Oh, beam on my darkness Thy beautiful light.

Give me Thy manna, Thy water to drink,
Or, fainting in anguish, to death I will sink ;
'Midst beasts of the desert, low pillowed on thorn,
Oh, beam on my darkness, Thou Star of the Morn.

Jesus, Thou fairest, Thou storehouse of love,
Hide in the rock Thy poor weak trembling dove ;
Foes are pursuing—I'm weak for the strife—
Oh, beam on my darkness, Thou Day-star of Life.

Tho' I've been a traitor too oft to my trust,
The bright sword Thou gavest corrupted with rust,
And soiled the banner so snow-white unfurled,
Oh, beam Thou in mercy, fair Star of the World.

In weakness, in wandering, in sorrow and pain,
The palm of the victor and crown let me gain ;
Thou stay of the weary, Thou star of my soul,
Oh, beam Thou in mercy, and guide to the goal.

# CONVERSATION BETWEEN MY PET LINNET
## AND CANARY.

I can only account for the last verse by the fact of my reading
*Good Words* aloud whilst seated beneath the cage.

CANARY, *bowing politely and looking sweet :*—

Yes, I lo'e thee, and though free,
    Wadna say thee nay, laddie,
But we'd baith thegither flee
    To my land awa', laddie ;
Where the sun is warmly shining,
And the vines their tendrils twining,
Offering such luscious dining.

Tho' it's far awa', laddie,
We wad be sae happy there;
'Mong myrtle bowers, free o' care,
We'd roam and sing, and never mair
     Dream o' prison wa's, laddie !

LINNET, *lovingly but independent :—*

Could I burst these prison bars,
     Glad I'd flee awa', lassie,
Yet I wadna gang sae far
     As ye'd hae me gae, lassie.
We wad wander baith thegither
A' the joyful simmer weather,
'Mang the bonnie bloomin' heather,
     And the broom sae braw, lassie.
We wad spend the gowden hours
'Mang the fairest o' the flowers,
Syne in scented birken bowers
     Nestle till the daw, lassie.

I wadna leave my native hills
     To gang far awa', lassie;
The like o' their crystal rills
     Germany ne'er saw, lassie !
Drinking frae their siller treasure,
Bathing in their wave wi' pleasure.
O our joy wad hae nae measure,
     Gin we'd win awa', lassie.
And ye wad be my bonnie dear
Amang beauties far and near,
Dressed sae rich in gowden gear,
     Queen aboon them a', lassie !

*Both together :—*

Let us not, my love, repine,
     Tho' oor cot's but sma', laddie—lassie;
Tho' we to your land or mine
     Canna win awa', laddie—lassie;
Tho' we cross no plain nor ferry,
     Mount nor vale, for blade nor berry,

Love can mak' oor hame as merry
    As a festive ha', laddie—lassie.
How sweetly J. S. Blackie sings
The bird that does not fret its wings,
But with full-breasted joyance flings
    His soul in song awa', laddie—lassie !

## FAILTE DO LOCHIAL AGUS D'A MHNAOI OIG DO LOCHABAR.

Air Fonn :—"*Fair a nuas dhuinn am botul*
    *Cuir an deoch so mu'n cuairt.*"

Tog le muirn, a Lochabar, do bhrataichean sròil,
    Biodh Lochial is Loch-Airceig gu h-ait mar a 's còir ;
Seideadh suas mar bu dualach piob nuallanach mhòr,
    Gus am freagair Mac-talla le caithream an ceòl.

Piob dhosrach nam badan, biodh gu h-aigeant air ghleus,
    Gach clarsach is fiodhull a' ritheadh nan téud ;
'S gach ian anns a ghiusich gu siubhlach air ghéig,
    Seinn ceilearan-bainnse le seannsairean réidh.

O dhuthaich Chloinn-Chamshroin, dream mheanmnach
    mo ghaoil,
Cha choigreach le leannan tha 'tarruing na d'ghaoith,
Ach meangan de'n Daraig ann 'ad thalamh tha aosd'
    'Tighinn dachaidh le 'bhaintighearn' gu teampul na
    h-aoidh'.

O Dhomhnuill nan Domhnull g'am bu chòireach deagh
    bhéus,
Sliochd nan cuiridhnean gasda, sliochd nan lasgairean
    tréun,
A bha uasal nan cleachdadh 's ioma eachdruidh rinn sgéul,
    Agus Bard a rinn duan mu an uaisle 's an éuchd.

A mhic nam fear gaisgeil bha Lochabar dhuibh dual,
    'S ioma linn chunnaic ann sibh na'r ceannardan sluaigh ;
'S tric a threoraich sibh feachd as fo'bhratach nam buadh,
    'S co a dhianadh air tilleadh ann an iomairt nan tuagh !

Is tha thusa, 'fhir cheutaich, a'n am beus mar bha cach,
  Ann an uaisle 's an tuigse 's ann an gliocas ro ard ;
Fhuaradh meas anns a' chùirt leat 's thug do dhuthaich
      dhut gradh,
    B'annsa trocair no toic leat—'s caraid' bhochd thu 's
      gach càs.

Gur tu iasgair a' bhradain sealgair ro mhath nan ian,
  'S eutrom dhireadh tu'n leacainn gu creachunn nam
      fiadh ;
Le d'ghillean, 's le d'ghunna, 's le d'chuileanan dian,
  'S 'n uair a theid thu na d'eideadh gur e 'm feileadh do
      mhiann.

Ceud failte dhut dhachaidh do Lochabar nan laoch,
  Ceud failte le morchuis is d'ògbhean ri d'thaobh ;
Cha b'ann do choille na crionich chaidh tu dh'iarruidh
      mnà-gaoil,
    'S ann a bhuain thu gheug chubhraidh, 'an doire dlu
      nan ur chraobh.

'S ann a bhuain thu'n ros àghmhor 'an lios aillidh nam flùr,
  Caoin lios a bha sgiamhach le grian agus driùchd ;
A bha gaolach le h-Albuinn 's ioma calm-fhear glan dhiùbh,
  A rinn eirigh gu tatrach a thogail bratach na cuis.

Dream churanta laidir a dhol do 'n arfhaich le fonn,
  Scotuich uasal na'm feachdan sliochd nan gaisgeach 's
      nan sonn ;
Luchd a dhianamh a' chasgraidh an am stailceadh nan bonn,
  Claidh'each, sgiathach, neo-chearbach, ag comhstri ghail-
      bheach nan glonn.

'S tric a chriothnuich fir Shasunn roimh ur caisimeachd
      gharbh,
  'N uair a chluinnte' ur *slogan* bhiodh an cogadh dhoibh
      searbh ;
'S ged a thogadh iad creach uaibh bhiodh 'ur n-aicheamhail
      garg,
    'S ioma mìli bhiodh reubte 's bhiodh na ceudan dhiubh
      marbh.

'S 'n uair a thigeadh an t-sìochaint gu'm bu mhìn bhiodh
    gach gnùis,
  'S ann an talla a' chaoimhneis gheabhte aoibhneas is
    muirn ;
'S 's e chuir mise le h-eibhneas a dheanadh sgéil air ur cliù,
  Sibh thoirt neamhnuid ghlan ailli ga chur am fainne
    mo rùin.

Gu ma buan bhios am fàinne, 's gu'm bu slan bhios an leug,
  Gathan oir o na h-àrdaibh, a bhi gach la mu air ceum ;
Gum bu duilleach an Darag lan de shnothach 's gach geug,
  Cnothach meanganach laidir 's i gun fhaillinn na 'freumh.

---

## THE BLUE BANNER.

Composed in May, 1876, on the occasion of the Union of the
Reformed Presbyterians with the Free Church.

WAVE grandly old banner, baptised in blood,
Great heroes have borne thee through fire and through flood,
The brave have gone forth to the fields of the slain,
When tyranny threatened thy beauty to stain.

Oh, joyous and free, on the breezes unfold,
Show proudly thy motto in letters of gold,
Thou flag of the mighty, thou flag of the true,
Thou flag of our fathers, so bonnie and blue.

Stream high on our towers, for to-day to our Hall
Come the sons of the free, whom no power could enthrall ;
Who down through the ages, made Scotia ring,
With "The Crown and the Covenant," of Jesus, our King.

Oh, wreathe we with roses, dear Cameron's name,
And in letters of gold write the scroll of their fame,
The patriot band, who so gallant and true,
Kept the flag of our fathers so bonnie and blue.

Our freedom to-day has been purchased by those
Who held it aloft from the reach of its foes ;
Ye sons of the sires who enfranchised our land,
We welcome, and hail ye, with heart and with hand.

Thrice armed they rose, and withstood every shock,
As the waves in their wrath are withstood by the rock ;
Through "Wellwood's green valley" their blood did bedew,
They aye kept the banner so bonnie and blue.

Then shoulder to shoulder, and hand clasped in hand,
Let us stem every torrent of wrong in our land ;
God's love in our hearts, like an orient beam,
On our towers the blue flag in its glory will stream.

There's over us hov'ring God's beautiful Dove,
As gladly we join in sweet kindness and love,
And vow heart and hand to be faithful and true,
To the flag of our fathers, so bonnie and blue.

---

## DUAN GAIRDEACHAIS.

### DO CHOMUNN GAIDHLIG INBHIRNIS.

Mochthra an de fhuair mi an sgeul,
　　Chuir mi gu gleus orain ;
'S buailidh mi'n teud, togaidh mi'n t-seisd,
　　Aighearach, reidh, cheolar.
Seinneam neo-throm failt' agus fonn—
　　Comunn nan sonn mora—
Sliochd nam fear fial, b'ainmeile gniomh,
　　Air an cuala sinn riabh comhradh ;
Sliochd nam fear donn a b'euchdmhoire glonn
　　'N uair bhiodh iad am fonn comhstrith—
Gaisgich neo-fhann—am misnich neo-ghann
　　'N uair thogteadh ri crann srol leo.
'S tric dh'fhairich an naimh cudthrom an laimh,
　　'N am tarraing nan lann ro-gheur ;
Bhiodh na Goill gu lan fiamh, 's chrith na Sasunnaich
　　　riabh,
　　'N am faicinn an dian chomhrag.
Gu'm bu trom a bhiodh smachd nam fear colgarr' lan
　　　reachd,
　　'S claidh'mhan mora na'n glaic dheonaich.

Ach mar dhuilleach nan craobh no moll air ghaoith,
   Chaidh muinntir mo ghaoil fhogradh ;
'S gheobhar ar sluagh, deas agus tuath,
   Gu iomall nan cuan bocach.
'N ait uaislean mo ghaoil a bha daimheil ri'n daoin,
   Thainig Goill le'n cuid chaorach mora,
Agus Sasunnaich chiar a shealgach nam fiadh,
   Feadh gharbhlach nan sliabh snodhar.
Cuid mhor dhuibh gun fhiu, gun eachdraidh, gun chliu
   Ach gu'n d'rinn aon duibh orach ;
Gaidheil ghlan ac', a' falbh air gach lic,
   'Tional nam feachd crocach,
'S iad a' fanoid le gair, 's a' labhairt le tair
   Mu mhacaibh nan sar dorn geal ;
'S iad a' labhairt le fuath mu theanga nann buadh,
   Ceol is binne na fuaim orgain.
Mar fhlur ann an gleann, le cion driuchd a bhios fann,
   Chrom a' Ghaidhlig a ceann boidheach ;
'S ann theireadh an sluagh gu'n d'fhosgladh a h-uaigh,
   'S gu'n rachadh i luath chomhnuidh
Far nach cluinnt' i aig sonn, 's nach biodh nighneag gheal
     dhonn
   Ga 'seinn dhuinn le fonn ceolar.
Bha caochan nan gleann ri caithream gu fann,
   'S Mac-talla nam beann bronach ;
'S 'n uair a chluinnteadh a' ghaoth a' seinn feadh nan
     raon,
   B'e tuireadh a's caoidh bu cheol dhi.
Ach dh'eirich 's an Tuath muim'-altruim nam buadh
   Thug do chanan mo luaidh solas ;
Le curam nach treig chaidh a togail o 'n eug
   'S o mhasladh luchd-bhreug dobhaidh.
Shiab iad le truas na deura bho 'gruaidh,
   'Us dh'uraich iad snuadh a h-oige ;
'S tha i nis mar a bha, 'faighinn urraim 's gach ait'
   Measg chinneach is aird' foghlum.
Mile beannachd le gradh gu Comunn nan sar—
   Guidheam furan a's failt' d'an comhlan ;
'S ged nach cogadh le lann a dh'fheudar 's an am,
   A chosgradh ar namh shonraicht',

Feumar misneach a's ciall, gliocas a's gniomh,
   'S gaisge 's an dian chomhraig,
Chum 's gu'n togar a suas ceud-fath ar sluaigh
   A's teanga na fuaim' ceolair.
Mile beannachd do'n t-saor rinn a' chathair bha daor,
   'S an suidh i le h-aoidh 's mor-chuis—
Slat shuaithnis na 'dorn 's i a' lionadh nan corn—
   Fion gliocais am piosan orbhuidh'—
Piob thartrach ri 'taobh, 'us i cruinte le fraoch !
   'S nach mill ceathach no aois a boidhchead.

---

## A WISH FOR A FRIEND.

I'll breathe a prayer for thee, my friend ;
   And frown not if the boon I crave
Be not what with thy wish may blend,
   But what I think 'twere best to have.

I will not seek thy greatest dower
   Be glittering heaps of precious gold ;
Nor yet the dangerous gift of power :
   The heart oft in her grasp grows cold.

Nor would I wish thee e'er to be
   The lauded among worldly men ;
Nought charms the soul like flattery,
   And man is weak when he is vain.

But I would have thee great of soul
   Among the noblest sons of earth ;
And, as the years still onward roll,
   Increasing still thy store of worth.

Thy simplest act a thing sublime,
   Above all meanness and all strife ;
And marching to the shores of time
   With a bright halo round thy life.

Be lofty, friend !   Be never thine
   The pleasures that must leave a sting ;
But freely drink the glorious wine
   The virtues from life's vintage wring.

A king of men, above all blame,
   Who'll follow good though it be odd,
Who counts that sin's the only shame,
   And bends his soul to none but God.

A man in all the hidden sense
   That gives the grand old word its might ;
A man who finds his recompense
   In knowing he has done the right.

Thus would I wish thee, day by day,
   Thy soul in beauty still to grow,
And dwell, when life shall pass away,
   Where streams of joy will endless flow.

## THE FORSAKEN ONE TO THE DEWDROP.

AIR :—"*Rousseau's Dream.*"

SPARKLING dewdrop, clear and pearly,
   Listen to my earnest call.
I'm a faded drooping flower ;
   On my brow and bosom fall.

I have seen the rosebud hide thee
   In its bright and beauteous breast,
Like a blushing bride her diamond
   As a love-gift pure and blest.

And it grew so fair and lovely,
   And such fragrance round it shed,
That bright smiles were lingering o'er it
   When its beauty all was fled.

Come to me, thou fairy jewel ;
   From my heart all moisture's gone,—
None to love me, nought to cheer me,
   Dreams all vanished, sad and lone.

Come to me, O drop of heaven,
   Pure and fragrant from the sky,
Like a drop of love and pity
   From my guardian angel's eye.

Sparkling dew-drop, clear and pearly,
  On my brow and bosom fall.
I'm a faded drooping flower ;
  On my brow and bosom fall.

— •◦• —

## LINES ON THE DEATH OF A BOY.

LITTLE fragile, bonnie flower,
Meet to grace a fairy bower ;
Ray of sunlight, that had come
To give gladness in thine home ;—
Quenched is now thy rosy light
'Mid the shadows of the night.
Oh, the wealth of tender joy
Lost with thee, fair baby boy.

Golden locks and sunny smiles,
Rosy cheeks and baby wiles,
Pattering feet that ne'er would rest,
Waking joy in every breast ;
Lisping words, that to our ears
Seemed like music from the spheres.
All are vanished—all are hid
'Neath the joyless coffin lid.

Beautiful in death wert thou,
With thy pure-white parian brow,
And a smile upon thy lip
As if dreaming in thy sleep.
Like the snowdrops pale, that lie
On thy little breast to die,
Thou didst sweetly bloom thine hour,
Bonnie fragile little flower.

High upon the crystal sea,
Clothed in immortality,
Where the tender Shepherd leads
All His lambs to all their needs ;

Among flowers that never fade,
Where the tree of life gives shade ;
There again, in purest joy,
May we meet thee, baby boy.

---·•·---

## A SONG FOR THE TIMES.

THERE'S an unco fracas in the Churches,
    And the cheeks o' the faithfu' grow pale
At the odour of heterodoxy
    That's floating aboot on the gale.
Ye preachers wha, rivin' and tearin',
    Are seeking tae widen yer claith,
Even tho' ye may tak' oor Confession,
    We pray ye tae leave us oor faith.
        The faith ye ha'e vow'ed to uphold--
            The faith that is better than gold ;
        Without it the heart is an altar,
            That's lifeless, and fireless, and cold.

If Germany sends us her legions,
    Tae sap out the life o' oor creed ;
Tae leave us nae staff tae lean on
    For strength in the hour o' oor need -
For, wae's me, her rational tenets
    Are just but religion's puir wraith ;
A thoosand times nobler and better
    Is Scotland's Confession o' Faith.
        A thing sae unlovely, unblest,
            A corpse that's in finery dress'd :
        And when we go near to embrace it
            We find it in deadness confess'd.

Ah, weel, if she sends us her legions
    Tae sap out oor beautifu' creed,
'Twould be better by far if she sent us
    Her Uhlans our country tae bleed.
Her daughters are peripatetics,
    That dance frae their birth to their death,

And no like the douce wives and maidens
    Taught frae the Confession o' Faith.
        Although they are comely and kind,
            Among them I never could find
        The *thocht* o' oor ain Scottish woman,
            Nor sic a backbane tae the mind.

Like Germany dinna ye mak' us,
    A land without Sabbath or creed,
A land where the churches are empty—
    Wha lives but for pleasure is deid.
Tho' stern was the mother that rear'd us,
    Tae mak' her mair saft I'd be laith ;
We love her in all her auld grandeur,
    Wi' even her Confession o' Faith.
        Ye sons o' auld Scotland sae grave,
            Oh, dinna ye be like the lave,
        Like bairnies, delighted wi' gimcracks,
            And cowries from over the wave.

In the auld Scottish ship there's a captain
    Wha lives awa doon by Roseneath,
Wha for fallen humanity's haffets
    Has woven sae bonnie a wreath ;
Croon'd wi't tae the bar o' oor conscience,
    Confession and Bible come baith ;
What we see we believe, and nae mair o't,
    And sing the death wail o' oor faith.
        O captain, you've sailed in a fog,
            And wrang things are doon in your log,
        That maist wad mak tars like me wonder
            If e'er ye mak free wi' your grog.

His compass he should get adjusted,
    As he lives sae near the Gareloch,
Or else his auld ship may get wreckit
    Ere he loses sight o' the Cloch.
For there's shoals aye and rocks under water
    That may work his craft muckle scaith,
Tho' naebody ever has seen them,
    But only received them wi' faith.

And besides, the auld ship ance sae braw,
    I fear me is wearin' awa,
For Plimsoll declares her a coffin,
    Altho' they've repaired her and a'.

On the banks o' the Clyde there is Dauvid,
    Wha is without doubt a big gun,
Maybe no just sae muckle at preachin'
    As laughin', romancin', and fun.
Ance bravely he hunted the Hydra,
    That workit the drouthie folk scaith ;
Noo, wae's me, he levels his lance
    At his faither's Confession o' Faith.
      But he is among the U.P.'s —
        Wha arena' sae strict as the Frees—
      Where a' body seems to be licensed
        Tae weave their ain web as they please.

There's ane that wrought hard in a smiddy,
    Awa up in gay Bon Accord,
Wha clured the bricht croon o' auld Moses,
    And hammered awa at his sword.
I ken ye hae lear, sir, and knowledge ;
    But hech, sirs, and were ye na laith,
Tae blaw wi' you're bellows sic sparks up,
    Tae burn oot the laity's faith.
      I fear me, guid Smith, your na strong,
        And, aiblins, they were in the wrong
      Wha placed the big hammer sae early
        In hands o' a callant sae young.

I've seen a bit bairn in a temper,
    And he'd have nae toy but the moon,
And surely you, sir, were as foolish,
    When you took to cluring this croon.
For there's wark for a strong honest workman,
    That's nobler and guidlier baith,
In making the armour for heroes,
    Wha fight wi' the foes o' oor faith.

> Gude Smith, put this nonsense aside,
>   And let whatsoever betide,
> In the glow o' the bush that was burning,
>   In peace and in safety abide.

Yestreen, I confess, in the morning
  My heart was all gruesome and cauld,
When I thocht that e'en some o' the fathers
  Wad tak' this new wine for the auld.
But the cry was there's death in the chalice,
  And keeping still spotless their claith ;
They rallied around oor dear Bible
  And kept us oor beautiful faith.
    Hurrah for the gallant and true,
      The faith ever auld ever new,
    Wave o'er covenanting auld Scotland
      Thou banner sae bonnie and blue !

---

## ORAN DO CHAIPTEIN SIOSAL, FEAR ALLT NA GLAISLIG.

FONN :—" *Cha mhor nach coma lean cogadh no sith.*"

O GHAIDHEIL a 's ciataich, " do bhliadhna mhath ùr,"
Ged chosdadh i 'n t-òr dhomh gu'n òlainn le sunnt ;
A phìobair' an fheadain, 'fhir leadannich dhuinn,
'S tu-fhéin 'chuir le d'sheannsair gu dannsadh na suinn.

Bu shiùbhlach an ribheid, 's bu mhilis an gléus,
'Us b'fhileant' na meòir 'thug an ceòl a bha réidh ;
Gu'm b'uaibhreach an aigne 'bh'aig gaisgeach mo ghaoil,
'S bu rìoghail an Gàidheal mac àillidh nan laoch.

O Shiosalaich ghasda, 's ceann-feachd thu le buaidh,
Sàr shaighdear gun ghealtachd, gun mheatachd dhut dual ;
Thu 'shìol nam fear calm', agus dhearbh thu do chòir
Air giulan àrd-ainm agus meanmna do sheòrs'.

'S i 'n deise 'bu mhiann leat, an deise 'bu dual,
An deise 'bha gràdhach le àrmuinn do shluaigh ;
Cha b'i 'bhriogais lachdunn a thaitinneadh ribh
Ach féileadh cruinn socair 'an cogadh 's an sìth.

O Fhir Allt-na-Glaislig gur math 'thig dhut-fhéin
A' bhoineid 's am breacan aig clachan no féill,
Am feileadh-beag-cuaiche 's do shuaicheantas àrd,
'S do léugan a' boillsgeadh mar dhaoimean gu h-àillt' !

A lasgaire chiataich 's tu 's fiachail' 's gach cùis,
Tha seirc agus maise a' lasadh na d'ghnùis ;
O c'àit an robh cuachag 'measg ghruagach na tìr'
Nach rachadh 'am fuadach leat, 'uasail mo chrìdh' !

'S tu sealgair an fhéidh agus sealgair an eòin,
'S tu sealgair na h-eal' agus sealgair a' gheòidh,
Le d'ghunna neo-chearbach 's tu dh'fhalbhadh an fhrìth,
'S a shiùbhladh an fhuar-bheinn air cruaidhead na sìn'.

Do mhiann 'bhi 's a' chreachann 's am faighte' 'n damh
      donn—
Ged 's lùthor e 'léum bithidh e réubt' air an fhonn
'N uair 'chuireas tu 'n cuilbhear gu cuimseach ri d'shùil,
'S a shradas gu buadhor do luaidhe mu 'chùl.

A Phìobair' an fheadain, ged 's beadarach bìnn
'Bhi d'éisdeachd 'an seòmar 'n am ceòl 'bhi ga 'shéinn,
Tha d'aigne cho ard ann an ar-fhaich nan tuagh,
'S an taobh air am bi thu gur cinnteach dha buaidh.

O, àrd biodh do bhratach 'us tatrach do phìob
'Fhir labhairt na Gaidhlig gu mànranach bìnn ;
Tha m'earbsa, 'fhir chalma, á d'ainm 'bhi ga 'ghairm
Le cliu mar is còir dha, na d'chòirnealair airm.

O, 's rìoghail an Gàidheal thu, 'ghràidh nam fear tréun',
'S e caismeachd do phìoba 'chuir m'ìnntinn gu gléus,
Thu 'leantuinn seann dualchas nam fuar bheanna fraoich—
An tìr ghlan a b'àbhaist 'bhi 'g àrach nan laoch !

A mhór Ghaidheil chiataich, do " bhliadhna mhath ùr,"
Ged chosgadh i 'n t-òr dhomh, gu'n òlainn le sùnnt ;
A phìobair' an fheadain, 'fhir leadanaich dhuinn,
'S tu-fhéin 'chuir le d'sheannsair gu damhsa na suinn !

TRANSLATION BY MR. WM. MACKENZIE, SECRETARY OF
GAELIC SOCIETY, INVERNESS.

HURRAH to the Chieftain—a happy New Year—
Delighted we'll pledge him, the bold Mountaineer;
In the tongue of the Celt we the Captain shall hail—
He has set with his chanter a-dancing the Gael!

When sounded the pibroch aloud in the hall
The glorious days of the past to recall;
As the brave Highland captain his war pipe did blaw,
The clansmen replied with a martial hurrah!

In the field, while commanding, the Chieftain is bold—
A soldier as brave as his sires were of old;
His ancestors' valour hath won them their fame,
And well he preserves both their mettle and name!

Like his sires he delights in the Garb of Old Gaul—
The garb for the battlefield, forest, or hall;
As his freedom and vigour the gray trousers mar,
His joy was the kilt both in peace and in war.

The Captain of Glassburn in tartan array,
He rescues the tongue of the Celt from decay—
With his sporran and dirk who can with him compare
In courage and splendour, at kirk or at fair?

His wisdom and valour are marks of his race,
Like the honour that beams in his fair Highland face;
O where was there one 'mong the nymphs of the land
That would not fly with him and give him her hand?

Oft sallies he forth on the track of the deer,
Where the eagle floats high o'er the stag's swift career;
With his death-dealing musket behold him go forth,
To tread with a light step the hills of the north!

The stags in the corrie are oft in the morn
Aroused from their sleep by the sound of his horn;
To his rifle's report the lone echoes reply—
"The red-deer has fallen, has fallen to die!"

In the hall of the mansion he's sportive and gay,
When his music breathes softly its magical sway,
While in midst of grim battle triumphant he'll charge
'Gainst the foes of his country, with broad-sword and
    targe.

While a glance of his eye will a foeman control,
The sound of his pipes will enrapture the soul :
His delight is the glory of Alban to save,
And his joy is the land that has nurtured the brave.

Then high be his banner, and welcome the strain
Of his warpipe when sounding aloud in the glen ;
Let clansmen their chieftain with cheering all hail—
And long may he cherish the tongue of the Gael !

Then hurrah to the chieftain—a happy New Year—
Delighted we'll pledge him, the bold mountaineer ;
In the tongue of the Celt we the captain shall hail—
He has set with his chanter a-dancing the Gael !

## A DAY IN THE COUNTRY IN JUNE.

THE summer sun is pouring down
    In golden floods its mellow light,
And who, when joy the year would crown,
    Would think of darkness and of night?
Away, away all care and pain,
    This is the year's sweet rosy noon ;
We know the frost will come again,
    But who would think of it in June

The summer whispers in the breeze,
    Its voices are in dell and hill,
It dances on the silver seas,
    It sings in every brook and rill.
Come let us, then, this happy while,
    My darling, in the woodlands roam,
And learn from Nature how to smile,
    Without a thought of ill to come.

To-morrow in the future lies—
  To-day, to-day, my love, is ours ;
Each passing moment as it flies
  Will find us still among the flowers.
See yonder shines the sun's red gold
  Among the greenwood's quivering leaves—
On every tree that he enfolds,
  A crown of fire he deftly weaves.

And as he gleams 'mong oaks and pines,
  A shower of light falls on yon pool,
Till like a gem it gaily shines
  Among the sedges soft and cool.
How sweetly glows its bosom bright,
  Unruffled by the faintest breeze !
And 'neath the streams of rosy light
  Are mirrored fair the stately trees.

The rose tree blooming near its side,
  So beautiful, and fresh and gay,
Rejoices in its hour of pride,
  And give its sweetness while it may.
Then let us like the flowers be wise,
  And drink the sunshine and the dew,
Nor seek to speck our summer skies
  With cloudlets of a wintry hue.

The frost and snow will come again,
  And we of grief must have our share;
And like the earth our time of pain,
  In faith and hope we'll bravely bear.
But now to-day her heart is glad,
  And so, my darling, shall be ours;
We must not be one moment sad
  Among the sunshine and the flowers.

## HOME-SICKNESS.

Oh ! for the beautiful sunlight
  That smiles on hill and lea,
And oh ! for thy glorious freshness
  Thou rippling western sea !

The smell of the purple heather,
  The myrtle wild, and thyme,
And the balmy fragrant sweetness
  Of the Autumn's golden prime!

Oh! for a sight of Ben-Nevis!
  Methinks I see him now,
As the morning sunlight crimsons
  The snow-wreath on his brow.
As he shakes away the shadows,
  His heart the sunshine thrills
And he towers high and majestic
  Amidst a thousand hills.

And grand old "Sgur-a-Dhonuil,"
  That guards thy head Lochiel,
Whilst o'er his shoulder he casteth
  An eye upon Loch-Sheil.
The morning sun on Ben-Nevis
  May weave a fairy crown,
But on thee he showers his glory,
  When at eve he goeth down.

And "Lochiel," that "streak" of silver,
  Where mountains wild and steep
Seem stretching in all their grandeur,
  Far down in its blue deep.
A narrow stripe in its bosom
  Reflects the azure skies.
That made me think in childhood
  Of streams in Paradise.

But dearer far than Ben-Nevis,
  And thy blue shores, Lochiel,
The touch of the hand that bringeth
  Emotion's gladsome thrill;
And the sight of the kindly faces
  Mine eyes have yearned to see;
And the music of living voices,
  That sound like psalms to me.

Oh! fair is the face of Nature,
  But fair all things above
Is the soul that from her window
  Beams forth the light of love.
The wealth of affection treasured,
  In hearts that ne'er grow cold,
Is better than all earth's riches
  Of priceless gems and gold.

---

## THE MOUNTAIN BREEZE.

The first two stanzas were written in anticipation of a visit ; the
second two, on beholding the changes ten years have wrought.

Away on my native mountains
  How sweet the balmy breeze !
It has kissed the clear cool fountains,
  And fanned the silver seas ;
It stole the breath of the flowers
  In every nook and dell,
And touched the fragrant honey
  The bee had in his cell.

It got the smell of the clover
  Down by the river side,
And incense from the heather bloom—
  The mountains' crown of pride.
And oh ! to drink its perfumed breath,
  So fragrant, pure, and free,
As once it came, in days gone by,
  With health and joy to me.

*          *          *          *

On my own dear native mountains
  The breeze is balmy still ;
It always has the freshness
  Of fountain, sea, and rill.
But it cannot give the gladness
  To me that once it gave,
For it bears the smell of the flowerets
  That bloom upon the grave.

And alas! to me how changed
Its once gay minstrelsy!
Of old its songs were only
Of joyousness and glee;
But now so weird its wailings,
So sad its voices come,
They seem but solemn dirges
That echo from the tomb.

———•◦•———

## MO NIGHNEAG GHEAL OG.

FONN :—"*The Laird o' Cockpen.*"

A BHANRIGH nam maighdean, a dhaoimein nan seud,
'S tu ur-ros a' gharaidh gun fhailinn gun bheud;
'S tu'n ainnir a's cuimir 'tha 'g imeachd an fheoir
'S tu'n t-ailleagan priseil, mo nighneag gheal òg.

Gur aoidheil, gur flathail, 's gur maiseach do ghnùis,
Do mhìn-ghruaidh cho bòidheach ri ròs 's e fo dhriùchd;
Gur daite na bilean o'm milis 'thig ceol,
'S do dheud mar an *ibhri*, mo nighneag gheal òg.

Gur mor 'tha ri leughadh 's an eudann a's ailt,
Thu tuigseach 'n ad chomhradh, gun mhor-chuis gun
    straic,
Tha buaidhean ri innscadh le firinn gu leoir
'Rinn reul a measg mhiltean de m'nighneig ghil òig.

'S i'n ur-shlat 's a' choill thu, mo mhaighdean deas donn,
Gun choire ri luaidh ort o d'chuailean gu d'bhonn,
Mar ubhal tha d'anail, blas meal' air do phoig,
'S do bhriathran lan millseachd, mo nighneag gheal òg.

Mar anail nan ainglean 's na speuran a' snamh,
Bidh neoil gheal an t-Samhraidh mu'n ghrein anns an aird,
'S e sud an t-aon choimeas a bheir mi le deoin
Do d'bhraighe caoin min-sa, mo nighneag gheal og.

'S tu'n euchdag dheas, donn, thogadh fonn air mo chridh',
Le misneach do naduir, 's do mhànranaich bhinn,
'S 'n uair dhuisgte *piana* gu h-ard le d'chaol mheoir,
Bhiodh m'acain air di-chuimhn', mo nighneag gheal og.

Gur buidhe g'ad leannan O ainnir nam buadh !
Gur boidheach do mhala, seimh banail gun ghruaim,
Gur iomadh duin'-uasal gu d'bhuannachd tha'n toir,
'S gur lion tha 'cur pris air mo nìghneig ghil òig.

Gur buidhe g'ad leannan, o ainnir an aigh,
'N uair gheabh e gu deonach uat coir air do laimh ;
Gur fhearr dha le cinnt na ged sgriobhte' dha or
'Bhi 'g eisdeachd do bhriodail, mo nighneag gheal og.

Gur binne na eoin leam 'an doire nan cuach,
Fonn oran o d'bhilean mar shirisd nam bruach,
'S do cheum tha cho eutrom air reidhlean an fheoir
Ri eilid na frithe, mo nighneag gheal og.

O ciamar a chuirinn do mhaise 'an ceill,
No buaidhean do nàduir ged 's ard dut mo speis ?
Cha ruig air do sgiamh mi le briathran mo bheoil,
'S cha'n urrainn dhomh sgriobhadh, mo nighneag gheal og.

Mo shoiridh 's mo bheannachd dhut, 'ainnir nam beus,
Am meangan a's cubhraidh tha'n dlu choill' nan geug ;
Ge b'e co ni do bhuain gheabh e duais a bhios mor—
'S tu'm beairteas 's an iocshlaint, mo nighneag gheal òg.

------

## ALONE—IN THE TWILIGHT.

ALONE—and yet I'm not alone—
 My loved and lost are in the room,
They gather round me one by one,
 Amidst the silence and the gloom.

Methinks they are so near me now,
 They twine their fingers in my hair ;
Their kisses are on lip and brow,
 They charm away each pain and care.

And yet, ah ! yet, those shadows dear,
 That haunt me in the twilight grey,
And whisper softly in mine ear,
 Do only come, then haste away.

No hand to touch, no kindly eye
   To flash its gladness into mine,
With mystic might, that bringeth nigh
   A joy akin to the Divine.

That thrilling touch of loving hands,
   That none but kindred hearts can feel;
That glance that knits our spirit bands
   In stronger bonds than chains of steel.

Oh! eye that tells of love and hate,
   Whence bringest thou thine awful power,
To seal a breaking spirit's fate,
   Or with such gladness to endower?

From thee how strangely doth the soul
   Look forth her passion and her pain;
O'er thee the thunder cloud can roll
   With lightning flash and stormy rain.

And even in my solitude,
   Across the waste of years there streams
The light that in its loving mood
   Shone from one eye in sunny beams.

And voices that with magic spell
   Come from afar with silvery chime,
Peal forth my sorrow's passing knell,
   And lead me fairer heights to climb.

There's music round me in my room
   That hath my spirit deeply stirred;
Amidst the silence and the gloom
   Sweet vesper songs I've faintly heard.

And though I named my passing pain,
   The darkness of a starless cloud
The silvery moon shines forth again,
   And opal shadows round me crowd.

And I will hush this yearning moan,
   And quench my spirit's wild unrest.
Alone—I cannot be alone,
   When with such radiant visions blest.

## SONNET TO A DEVOTED LADY.

LIKE a fair lily that in secret blooms
　And gives to heaven its beauty's precious dower,
Like a sweet-scented violet that perfumes
　Some peaceful, lone and unfrequented bower,
Mild as the moonbeam on the dewy flower
　That sheds unseen its pure and silvery ray,
Calm as the day-dream of a golden hour,
　Soft as the dawning of a young spring day,
Thy path lies far from the cold worldling's way.
　The gentle voice that whispers ne'er in vain,
The hand that heals the wound and soothes the pain—
　These are thy weapons in the world's affray;
Be thy reward, then, from the lips Divine,
　"Thou what thou couldst has done for Me and Mine."

---

## TO MY MUSE,

### ON BEING FORBIDDEN BY MY DOCTOR TO WRITE.

I MAY not woo thy smile, they say,
　My sweet and pleasant friend;
Yet thou to life, my tuneful fay,
　Could sweet enchantment lend.
And though I at the stern command
　Must part from thee awhile,
In love I bow and kiss thy hand,
　And beg thee yet to smile.

Come yet again on angel wings,
　And wake the silent lyre;
Thy touch upon the silver strings
　Can set my soul on fire.
Again the voices, old and dear,
　Will whisper in my brain,
And on the desert wild and drear,
　Will roses bloom again.

Come midst thy darkness with a ray
　Of fair celestial light,

Give joy and gladness in the day,
    And songs give in the night.
Come with a sad and solemn psalm,
    Or thrilling songs of joy,
Thou comest always with the balm
    And bliss that cannot cloy.

A prisoner alone am I,
    Who fain would break the bars,
With thee in glorious liberty
    To soar up to the stars;
With thee to climb each blessed height
    For which mine eyes I strain,
And linked with thee I'd bravely fight
    Life's battles o'er again.

And when thy Promethean spark
    May on mine altar burn,
I, like a liberated lark,
    Will sing thy glad return.
Again the voices, old and dear,
    Will banish care and pain,
And on the desert, wild and drear,
    Will roses bloom again.

---

## WASTED AFFECTION.

> "Affection never was wasted:
> If it enrich not the heart of another, its waters, returning
> Back to their springs like the rain, shall fill them full of refreshment."
> LONGFELLOW.

"AFFECTION never was wasted,"
    I've read in a poet's hymn,
But they who the bitterness tasted
    Say that's but a poet's dream.

Affection is wasted often,
    And though its streams may return,
They may come as waters to soften,
    Or lava to blast and burn.

And how can a flowret blossom,
　　Or summer herbage grow,
In the land o'er whose arid bosom
　　The molten streamlets flow?

" Affection never was wasted :"
　　Alas! and would it were not!
Then woman on sweets would be feasted
　　In palace, and hall, and cot.

Souls cradled by wrong into malice
　　Would glow with love Divine,
And many a water-filled chalice
　　Would overflow with wine.

How many a lovely blossom
　　Has wasted its fragrant breath,
To sweeten the careless bosom
　　On which it drooped in death!

When it lay broken and shattered,
　　By the way-side left to die,
Its beautiful leaves all scattered
　　As the winds blew wild and high,

Not a breath of its once sweet perfume
　　Could wake it to life again,
Nor will aught to the aching heart come
　　Of its wasted love but pain.

— ◆ —

## WASTED AFFECTION.

OH thou who with bosom aching,
　　Thy wounds all bleeding and sore,
Thy kind heart nigh unto breaking
　　With the anguish at its core;

Thou thinkest affection wasted
　　Can never return to thee,
Unless that thy soul is feasted,
　　As thou wouldst have it be.

But time with its gentle healing
   Will come to thy soul with balm ;
The end of thy grief revealing,
   And teaching a loftier psalm.

Thou wilt learn that to sow in sorrow
   Is in joy to reap the grain ;
And the plough that makes the furrow
   In the heart is always pain.

Oh, bitter the night of weeping
   When the cup of grief runs o'er,
Till we envy those that are sleeping
   By the dark eternal shore.

But when the fair sun is beaming
   At morn on our fallen tears,
The bright rainbow in them gleaming
   Will make glad the coming years.

The flower may be sometimes shattered.
   By the wayside left to die,
And its leaves may be loosely scattered
   When the winds blow wild and high.

Yet these messengers rude may bear it
   To a garden rich and rare,
Away from the hands that would tear it,
   To a keeper of gentlest care ;

Away to a garden vernal
   With its fresh and pearly dew,
Where the sunshine that's eternal
   Makes its beauty ever new.

The heart—'tis the voice of nature—
   Would be clasped to a kindred heart ;
The eye would feast on each feature
   That can joy and love impart.

But alas ! when a word is spoken
   That shatters the soul's deep faith,
We must drink from a cistern broken
   The waters that taste like death.

Then we think our affection wasted,
    When stricken with sorest pain,
And 'tis hard when the bitter is tasted
    To know that our loss is gain.

————◆————

## ORAN GAOIL.

'S TU òigh nam mòr-shul,
'S tu reul nam ban-oga,
'S e séughead do bhoichead,
Tha 'leonadh mo chléibh,
'S cha bhi mi dheth fallain,
Le h-or no le h-earras,
Mur leamsa do ghealladh,
Air d'fhaighinn dhomh-fhein.

Suil lionta ghlan shocuir,
Tha 'g innseadh gu toirteil,
Mu'n chridhe neo-lochdach,
Tha'm broilleach nan seud,
Na'n laist' i le gaol dhomh,
Gur mise 'bhiodh aobhach,
'S cha bhiodh leam 's an t-saoghal,
Ach foineis gun fhéum.

Gur bòidheach do chuaillein,
Gur dathte do ghruaidhean,
Gur lìonmhor do bhuadhan,
A chuachag, nam beus,
Gur binne na'n smeorach,
Do chaol ghuth ri h-òran,
'S gur caoin' thu na'n ròs,
Anns 'an ògmhios air ghéig.

Gur rìomhach a' mhàldag thu,
Sìobhalt neo-dhàna,
'S e grinneas do nàduir,
A thàlaidh mi-fhéin,

'S e m'aighear 's mo luaidh thu,
Mo chonas, 's mo shuaimhneas,
'S mur dean mi do bhuannachd,
'S mi 's truaighe fo'n ghréin.

O's trom mi fo airsneal,
Gun aon ni na 'thlachd dhomh,
'S mo chridhe lan acrais,
Is tart air do dheigh ;
'S na'm faighinn air laimh thu,
Le deagh-ghean do chairdean,
Mo mhisneach bhiodh ard,
Is mo nadur bhiodh treun.

Gu'n gleidh mi thu riomhach,
Le guntaichean sioda,
Is seudan nan Innsean,
Bidh cinnteach dhut reidh ;
O'n bheinn bheir mi fiadhach,
'S o'n abhainn an t-iasg dhut,
'S cha'n iarr mi de mhiann,
Ach bhi 'riarach do speis.

O thig mata, 'chuachag,
'S le cagar 's an uaigneas,
Do m'chridhe thoir suaimhneas,
Neo 's buan bhios mo chreuchd ;
Ma 's mise do leannan,
Na gleidh mi fo smalan,
'S gur fhearr leam do ghealladh,
No fearrann is spreidh.

Do shuil tha mar dhaoimean,
No reul bheul na h-oidhche,
O tionndaidh le caoimhneas,
'Us soills' air mo cheum ;
'S gu'n teid le a solus,
Gu euchd is gu sonas,
Is m'éibhneas do m'bhroilleach,
Mar shnothach do'n ghéig.

## MO RUN AN T-OIGFHEAR.

Fonn :—"*Ho ró, mo ni'an donn bhòidheach.*"

Ho ro mo rùn an t-oigfhear,
Hì rì mo rùn an t-oigfhear,
Fear ur an leadain bhoidhich,
Do 'm mor thug mi dh'uigh.

O's mise tha gu truagh dheth,
'S an gaol 'an deigh mo bhuaireadh,
'S an t-og dh'an tug mi luaidh,
Ann 'am fuath rium 's an diom.
Ho ro, &c.

O's muladach mar tha mi,
'S nach feudar leam a raitinn,
Ged tha mo chridhe 'sgaineadh,
'S mi craiteach lan turs'.
Ho ro, &c.

O ciamar chi mi, 'luaidh thu,
'S te cile ri do ghuallainn,
'S mo chridhe-sa cho fuaight' riut,
'S nach buan mi gun thu.
Ho ro, &c.

'N uair rinn thu la na faighreach,
Dol seachad orm gun m'fhaighneachd,
'S te eile ann 'ad chaoimhneas,
Chaidh m'aoibhneas gu tùrs.
Ho ro, &c.

A ghaoil cha'n e do bhoichead,
A rinn mo chridh' a leonadh,
Ach mànran binn do bheoil,
A bha dhomhsa mar dhriuchd.
Ho ro, &c.

Mo ghaol tha toinnt' mu'n cuairt ort,
Cho teann 's nach gabh e fuasgladh,
'S gu'm brist' mo chridhe, 'luaidh-ghil,
Mur buannaichd mi thu.
Ho ro, &c.

O's truagh nach robh mi càraicht',
Le m'athair is le m'mhathair,
Far 'm bheil iad ann an samhchuir,
'An tamh anns an uir.
Ho ro, &c.

Ged gheabhainn-sa do storas
Na cheannachadh an Roinn Eorpa,
Gu'n tugainn air son pòig e,
O d'ros-bhilean ciuin.
Ho ro, &c.

———•◦•———

# AN IARRUIDH DHIOMHAIN.

C'AIT am bheil fois, agus c'ait am bheil tamh,
C'ait am bheil fois, agus c'ait am bheil tamh,
C'ait am bheil ioc-shlaint do chridhe fo phramh
No c'ait am bheil suaimhneas o namhan 's o chradh ?

Mar thonnan, na fairge, a' bualadh, gu dlu,
'S e nuallan, is monmhur, mu oirean nan stùc,
Tha luasgan is gluasad 's an t-saoghal mu'n cuairt,
'S gach ni cho beag socair ri broilleach nan stuadh.

Chuir mi flùr, 's rinn e fas ann an gàradh ri deas,
'S 'n uair shaoil mi e cubhraidh le driuchd agus teas,
'S ann thainig gaoth reot' 's air mo ròs thainig bas,
'S bha dhuillcagan caoin' a' dol aog air a bhàrr.

Thug mi eun as a' choill dhianamh seinn domh gu binn,
'S 'n uair shaoil mi bhi 'g eisdeachd a cheileiridh ghrinn,
'S ann shuidh e air geig, 's e gu h-eisleanach trom,
Gu marbh-shuileach tursach, 's e tuchta gun phóng.

Sheall mi 's a' ghleann air son fois agus taimh
Ri latha geal samhruidh 's a' ghrian anns an aird;
'S mu'n deach i 's an iar, gun robh'n iarmailt fo ghruaim,
Is beithir, 's beum-sleibhe, a' réubadh nam bruach.

Dh'iarr mi gu fois agus dh'iarr mi gu sìth
Dh'iarr mi gu teicheadh o chogadh 's o strìth ;
O 'n uair 'shaoil mi gu'n dh'fhuair mi gu cala nam buadh,
'S ann bha mi gu h-anrach air taisdeal nan stuadh.

Dh'iarr mi gu fois, is gun fhois air an t-saogh'l,
Is leag mi mo cheann air geal-bhroilleach mo ghaoil,
'S bha 'chluasag ud làn de chaoin-dhuilleach nan ròs
Ach ochan na'm measg gu'n robh'n dris mar bu nòs.

O ciamar bhiodh fois, ann an arfhaich nan tuagh,
'S gur cruaidh bhios an cogadh, mu'n coisinn sinn buaidh,
Bidh leagadh, is leonadh, is dòibheairt, 's an strìth
'S ged 's truagh e, gur diomhain bhi 'g iarruidh na sìth'.

Ach'n uair'choisneas sinn buaidh mar is dual do gach sonn,
Air a' gheal-ghaineamh airgid tha thall th'air an tonn,
Gheabh sinn suaimhneas 'bhios buan thair gach uamhunn
        is strìth.
'S bith sinn cruinte le gaol an tigh aobhach na sìth'.

---

## TO A SPRIG OF HEATHER SENT ME FROM A HIGHLAND GLEN.

Thou hast come with the smell of my dear native mountains,
    And tales of the freshness of moorland and lea ;
From the wild misty glens, where in glory thou bloomest,
    A whisper of love thou hast brought unto me.
O dear to my heart are thy sweet purple blossoms,
    That grow 'mong the brackens that curl on the braes,
And by the green banks of the clear winding rivers,
    Whose murmers I hear, as upon thee I gaze.

Thou hast brought me the fragrance of briar and myrtle,
    The bright shining gold of the furze and the broom,
The plover's wild cry, and the whirr of the heathcock,
    That sleeps on thy bosom, and feasts on thy bloom.
Methinks I behold the soft fringe of the pine-tree,
    The beautiful rowan, in scarlet and green,
And white foaming streamlets that rib the steep corrie,
    Whose life-giving breezes are bracing and keen.

Thou hast whispered of cot and of high mountain sheiling,
 Where heroes were reared in the days that are gone;
Of maidens that sang in their beauty and gladness,
 Where now there is stillness, so sad, and so lone.
The clear silver fountains, that gleam in thy bosom,
 No longer give life to our brave Highland men;
They refresh but the deer and the sheep, whilst our heroes
Are exiled afar from the strath and the glen.

Thou honey-sweet heather, 'mid visions of beauty,
 And sweet songs of love that for me thou dost weave,
And memories soft, as the down of the canach,
 That waves in the breath of the mild summer eve:
Methinks the last breeze that had stirred thy red blossoms
 Had chanted the wail thou hast borne unto me,
A dirge for the brave, who will ne'er tread the heather,
 Nor see thy dear mountains, thou land of the free.

———•◆•———

## AN DEALACHADH GAIDHEALACH.

### Le Professor Blackie.

Fonn :—"*Cuimhneachadh air d'fhuran.*"

 'S GLAN dèarrsadh na gréin',
 'S geal cobhar na tuinne;
 'S aotrom neòil a' snàmh
 Os cionn àird' nan tulach.
 'S caoin a shéideas gaoth,
 Bho bhàrr fraoch a' bhruthaich;
 Raineach 's itich géig',
 Ri h-éibhneas gu subhach.
 Tha gach ni fo'n ghréin,
 Talamh 's spéur làn aighir,
 'S mise 'n so leam fhéin,
 Gun mo chéile mar rium.

 Bu shunntach sinn an raoir,
 'S sinn aig taobh an teine;

Sùil ri sùil làn bàigh,
    'S comunn blàth 's gach cridhe.
Orain thruais 'us ghràidh,
'G an seinn àrd le binneas—
Do neach aotrom gàir',
    'S do'n fhear chrionnta gliocas.
Nis leam-fhein ag caoidh,
'Falbh nan raon gun aighir ;
Thu cho fada bhuam,
    B'e mo luaidh 'bhi mar riut.

Ged 'sheinneas mi dàn,
Cha dean sid mo mhealladh ;
'S ged a ni mi gàir',
    Tha mo chridh' fo smalan.
Mar ghiullan tha mì,
'Bhios gu dlù ri feadail
'Dol seachad air cill,
    'S e air chrith le h-eagal.
Ged 's aotromaid am fàsach
'Bhi 'seinn dhàna-mulaid,
Cha tig flùr fo bhlàth
    Gun thu, 'ghràidh, na 'chuideachd.

'S bòidheach raineach uaine,
'S àillidh snuagh a' bhruthaich ;
Chi mi 'n gorm-bhrat àrd
    Troimh na neòil gu lurach ;
Shìos ud anns a' ghleann,
'S òrbhuidh dreach a' choirce ;
An iarmailt uile làn
    De reachd fàis 'us toraidh.
'S ged bu pheacadh e
A bhi 'n so fo smalan—
Gura trom mo dhéur,
    'S gun mo chéile mar-rium.

# ALLT-A'-CHINNAIRD.

## Le Professor Blackie.

O chrùn Beinn-a'-Bhreachdaidh troimh chreagan, 's troimh
ghlinn,
Tha Allt-a'-Chinnàird 'tighinn le thoirmeanaich bhinn,
Gur h-aoigheil, 's gur sunntach e, 'sior-ruith le surd,
Gus an teid e 'am falach an Teathuil nan lùb,
Bheir mise dhut òran, a Gharbh-shruthain dhuinn,
'S bu chomaine dhomhs' sud, gu ceolarach binn,
'S an t-sìth, is an sòlas, a fhuair mi gach là,
Mu d'bhruachagan, greannar, O Allt-a'-Chinnàird.

Moladh càch mar is aill leo, 'n tuil uaibhreach nach fann,
'Tha toirt beatha do 'n Choptach, 'us clabar neo-ghann,
Far am bheil *Titanan* mora nan laithean a dh'fhalbh
A' sealltuinn le oillt air a' bhochduinn na 'n sealbh,
Far 'm bheil aintighearnan borb a' fàs reamhar lan uaill',
Air saothair na traill', is an acaraich thruaigh,
Ach thoir dhomhsa na glinn anns nach cluinnear gu
brath,
Guth ainneartaich, smachdail mu Allt-a'-Chinnaird.

Moladh cach mar is aill leo tuil Tiber nam buadh
Sàbinich, is Romanaich, mor thair' gach sluagh
Ard-chri'ach, ard-lamhach, luchd foghlum gun sgàth,
Luchd-reubainn, luchd-riaghlaidh, nan ioghnadh thair
chach;
Bho Thigris, gu Thames, chuir iad rioghachdan fo smachd,
Le buille an claidheamh, is tabhachd an reachd,
Na Cæsaran uaibhreach nach caomhnadh aon namh
Ach an cuing cha robh riamh, air Allt riabhach' Chinn-
aird.

Moladh cach mar is aill leo, cas-bhruachan na Rhine,
'S iad sgeadaicht' le duilleach, is dearcan an fhion,
Ard Eaglais, Tighmanaich, is luchairt, is tùr,
Is sagairt, is Imp'rean, le 'n stri co dhiu 's mò;
Bha Impirean ann a spion feusag a' Phàp,
Is Imp'rean a chriothnuich roimh spionnadh a lamh,

'N uair bha 'n Gaidheal gu saimheil, le 'chòraichean ard,
Mu d'ghorm bhruachan, greannar, O Allt-a'-Chinnaird.

O Allt-a'-Chinnaird, 'n uair le gruaim 'thig a' ghaoth,
Is uisg', agus ceathach, air monadh, is fraoch,
'N uair thig toirm a'bheum-sleibhe,'s i'reubadh nam bruach,
'S do thonn geal le cobhar, 's a' bhruthach ri fuaim—
O, an sin a bhi lorgach, tre dhorcha nan sian,
Do lubagan donna, b'e m'aighear, 's mo mhiann,
'S m'fhuil chraobhach bhiodh ùraicht', 's mo bhroilleach
bhiodh làn,
Do ghaoth Beinn-a'-Bhreachdaidh, O Allt-a'-Chinnaird.

O, Allt-a'-Chinnaird 'n uair thig Samhradh an àigh
'S a 'mhaoth raineach uaine mu d'bhruachan a' fàs,
Cha'n 'eil oran bean-talaidh* mo chri' bheir fo bhuaidh
Mar bheir do bhinn chronan, leam 's ceol'ar do dhuan,
'S cha'n 'eil cathair cho socair an Cùirt air an t-saoghal
Ris a' chloich chrot'laich ghlais 'tha 's an lionaig ri d'thaobh
Far 'm bi barrach is giuthas gu h-urar 's a' Mhàigh,
Toinnibh gairdeanan greannar mu Allt-a'-Chinnaird.

O, Allt-a'-Chinnaird, o ghorm lub do chuid gleann,
Falbhaidh mis' mar an sgail 'bhios air aodann nam beann,
Ach mairidh tus'n uair nach faicear a h-aon de chlann daoin'
A' sealltuin le tlachd air do thonn, no do raon ;
Agus mis', ged nach eisd mi do thorman ri d'bhruaich,
Bidh tu 'm shealladh gach la, is na m'chuimhne bidh buan,
An t-sith is an solas a dh'uraich mo chàil,
Mu d'ghorm luban greannar, O Allt-a'-Chinnàird.

---

### AISLING OISEIN.

#### LE PROFESSOR BLACKIE.

Bi'n oidhch i, 's ged chaidil mi seimh air mo chluasaig ;
Bha m'inntinn co luaineach 's co luath ris an stéud,
'Us chunnacas leam clàrsach, air seann seileach seargta,
'Us lamh thana chruaidh a' fann-bhualadh nan téud ;

* Siren.

Gheur-sheall mi 's o'n laimh ghrad-chinn ard choluinn uasal
Mar an geamhradh geal, fuar, bha a thuar is a lith,
'S bha 'chiuine 's a' mhaldachd bha dearsa na 'ghruaidhean.
'S a mhoralachd uasal, mar shuaicheantas righ ;
Bha chiabhagan tana, a' snàmh air na gaoithean
'S e cruinte le ùr-fhleasg, do bhàrr-geal an fhraoich
A mhala mur gheal-chloich gun salachadh le gaillinn,
'S air leam nach robh fradharc an suilean an laoich.

Thuirt e 'mhic na tir galld' tha thu col domh is caomh leam,
Thug thu gaol do mo shluagh, agus buaidh thug dh'an dan,
Na baird rinn mi arach, fhir-ghraidh dhut is ceolruidh,
'S rinn an duanagan boidheach, thu ogail, 'us slan ;
O's tric is mi snamh air glas-cheathach nam beanntan
Mar thaibhse, na'n taibhs', aig cinn-fheadhna nan treun,
Ghabh mi beachd air do cheum, lu-chas eutrom 's a'
        gharbhlach,
'S do bhinn-ghuth 's a cheol, 's ghabh mi coir ort dhomh fein ;
A mhic ghaisgeil a' ghoill, ni mi 'ghloir dhut a thiodhlac
Bho'n leoman gu'n dion thu an sgialachd 's an duan ;
Gun duisg thu gach pong, do sheann uirsgeoil, nam
        Fianntan,
Chum cuimhn' nam mor-ghniomh rinn na saoidh a bhi
        buan.

O's tric mise ag gal a measg ceathach nan àrd-bheann
'S mi sealltuinn air làraichean fàsail nan gleann,
'S gun aon ghuth ri chluinntinn ach caoidhrean, nan
        caochan,
'Us osnaich na gaoithe, feadh aonach, nam beann ;
'Us monmhur na tuinne 's a' phlosgail ag iathadh
A gairdeanan ciara mu ìochdar nan stùc ;
'S nach cluinnear leam caithream nan oighfhear 's nan
        gruagach,
Le luinneag an dualchuis, 's a buaidh mar an driuchd ;
'S nach cluinnear leam glaodh nam fear mòr-bhroilleach
        soilleir,
Na baird 'bhiodh le coireal a' dusgadh an laoich,
Tha'n coigreach air bristeadh roimh d'bhallachan uaibh-
        reach,
'S e 'n Gall tha na 'uachdran an duthaich an fhraoich !

O ghuil mi 's ged ghuil, ciod am fath tha na'm dheoir
    dhomh,
Cha till iad na sloigh a chaidh fhogradh á m'ghlinn;
Ach, 'Albannaich ghràidh, thoiream dhutsa ri thasgadh
An cànan a chleachdadh le laoich nan guth binn;
'Us liubhram dhut laoidhean a' cheathaich 's a' chruachain,
Nam mòr-thuiltean uaibhreach 'us nuallan nan tonn;
Beum-sléibhe nan garbh-eas 'us crònan nam fuaran,
Nan coireachan uaigneach 's nan coilltichean donn;
'S a' phìob 'bha gu tatrach 'n uair 'leagadh righ Lochlunn,
'S a laidh e gu dìblidh aig casan nan sàr;
'S a' chaithream a sheinneadh 'us Fionn air a chuartach
Aig fleadh, leis na h-uaislean thug buaidh anns an àr.

'Us bheir mi dhut òran a' bhàird aig Bheinn-Dòrain,
Le abhachd an fhoghair 'us ciùine a' Mhaigh;
'S an sruthanan caoimhneis gu h-aoibhneach a' dòrtadh,
'S mar ur-bharrach-samhraidh air chrith anns a' ghaoith;
'Us bheir mi dhut leabhar an Dòmhnullaich ghaisgeil
Cho borb ris a' ghaillinn 's cho làidir ri beinn;
'N uair chuir e gu sàile deagh bhìrlinn Chlann-Ràonuill
Le gàirdeinean làidir 'toirt "hùgan" air tuinn;
Rach 's teaguisg do d'shluagh cànan uasal nan Gaidheal,
'S ged rinn iad oirr' dimeas, o, dùisg iad gu bàigh;
'S thoir beatha as ùr ann an tìr nam beann fuara,
Do'n cheòl bhios 'g a luadh 'fhad 's bhios cuan tigh'n gu
    tràigh.

Do'n mhaise ni'n dorus 's a' chreathall a chuartach,
O, abair ri m'shluagh iad a thabhairt am miann;
'S gun iad 'mholadh mar dhleasnas, no dh'iarraidh mar
    shòlas
Bhi 'tional an eòlais bho dhùthchannan cian.
Air an àilein an cinn 's ann 's bòidhche an t-sobhrach,
Cha'n 'eil flùr a ni monadh cho sgiamhach ri fraoch;
'Us an smuain ud is doimhne tha i 'n taice do chridhe,
Thig a leum thun an là ann an cànan nan laoch.
Bithibh dìleas do chànan ur màthar, mo mhuinntir,
A blàth-fhuil ur n-òig gheabh ur fearalachd lòn.
Bithibh dìleas do'n chainnt 'tha aig ceatharnaich mhòra,
'Toirt sgiathan dh'an sòlas, 'toirt gath as am bròn.

O, innis do m'mhuinntir-s' tha tàmh an Dunéideann,
Gur nàire dhaibh cuimhne mo bhàird bhi fo lic ;
'Us Gréigich 'us Ròimhich ag imeachd gu mòrail
An dùthaich mo shlòigh-sa air ùrlar nan glic.
O, gòrach, mi-dhìleas, c'uim' bhios sibh ri dìmeas
Air ionmhasan prìseil deagh dhùthaich nan tréun,
'N àite fleasg duillich uaine, a' strìth ri bhi fuaghal
Crùin luideagan suarach bho rìgheachdan céin !
O, labhair ri m'chloinn, séid an seann teine Gáidhealach
Gus an éirich bho éibhlean an lasair le buaidh ;
Ri ceolruidh nam beann, lean gu teann agus faic i,
Leis a' Ghréig s' leis an Ròimh an oil-theampull mo
    shluaigh.

Sguir an taibhse a labhairt 's e snàmh as mo shealladh,
'S ged a dh'amhairc mi geur air son eudann an laoich,
Chaidh e bhuam ann an tiota ann an dorcha na h-oidhche,
Mar leug le grad-bhoillsgeadh theid as anns a' ghaoith ;
Cha robh ann ach a' chlàrsach 's an seann seileach seargte,
'S am meur tana fann ud a' dùsgadh na laoidh' ;
'Us laidh mi gu deurach a sìos air mo leabaidh,
Mar neach bronach mu'n charaid nach till ris a chaoidh ;
'Us thug mi mo bhòid a bhi dìleas dh'a fhàinte
'Us gu'm faicteadh an Gàidheal an àros nan glic,
Mar-ri Greugaich 'us Ròimhich a' triall tre na h-àlaibh,
Le cliu nach teid bàs 's ainm nach càirear fo lic.

---

## LUINNEAG.

### THILL, GU'N DO THILL THU, BHLACKIE.

Fonn :—"*Théid i 's gu'n téid i leam.*"

Thìll, gu'n do thìll thu, 'rùin,
Thìll, gu'n do thìll thu dhachaidh,
Thìll, gu'n do thìll thu, 'rùin.

'S coma co a thìg no théid leinn,
Bho'n a thill thu-fhèin, a Bhlàckie.
Thìll, &c.

Caraid' 's fear-tagraidh nan Gàidheal,
Mo chùis-mhànrain thu bhi fallan.
Thill, &c.

'S ged a bha thu anns an Eiphit,
Gu'm b'e d'éibhneas 'bhi 's na glèannaibh.
Thill, &c.

B'annsa leat 'bhi 'n Allt-na-Craige,
Na 's an Eadailte 'bhi d'bharran.
Thill, &c.

B'annsa leat am fàile caoin,
A thig o'n roid, o'n fhraoch, 's o'n chanach.
Thill, &c.

No ged 'bhi tu'n gàradh cùbhraidh,
Spìosruidh 's tùis an dùthaich d'aineoil.
Thill, &c.

'S binn an ceòl leat fuaim na tuinne,
A bhuaileas ri Muile a' bharraich.
Thill, &c.

'S gaoithean samhruidh 'tighinn le crònan,
'Bho ghlinn àrd na mòr-bheinn bheannaich.
Thill, &c.

Mìle beannachd, fhir mo ghaoil thu,
'S mi tha aòbhach thu 'bhi dhachaidh.
Thill, &c.

'S binn an naigheachd leis na Gàidhil,
Thu 'thighinn sàbhailt as gach carraid.
Thill, &c.

Togar bratach, séidear pìoban,
Lìonar 'pìosan a bhitheas barrach.
Thill, &c.

'S coma co a thig no théid leinn,
Bho'n a thill thu-fhéin, a Bhlackie.
Thill, &c.

LORIMER AND GILLIES, PRINTERS, 31 ST. ANDREW SQUARE, EDINBURGH.

# LIST OF GAELIC BOOKS
## And Works on the Highlands
PUBLISHED AND SOLD BY

# MACLACHLAN & STEWART,
### BOOKSELLERS TO THE UNIVERSITY,
### 63 & 64 SOUTH BRIDGE, EDINBURGH.

A liberal discount allowed on orders for exportation or for private circulation.

|  | s. | d. |
|---|---|---|
| M'Alpine's Gaelic and English Pronouncing Dictionary, with Grammar, 12mo, *cloth*, | 9 | 0 |
| —— Ditto, ditto, *hf.-bound calf*, | 11 | 0 |
| —— English and Gaelic, separately, *cloth*, | 5 | 0 |
| M'Leod and Dewar's Gaelic Dictionary, *cloth*, | 10 | 6 |
| Aleine's Alarm to the Unconverted, | 1 | 6 |
| —— Saint's Pocket Book, *cloth*, 1s. *sewed*, | 0 | 6 |
| An T-Oranaiche, by Sinclair, *complete, cloth*, | 10 | 6 |
| Assurance of Salvation, 18mo, *sewed*, | 0 | 6 |
| Baxter's Call to the Unconverted, 18mo, *cloth*, | 1 | 6 |
| —— Saint's Rest, translated by Rev. J. Forbes, | 2 | 6 |
| Beith's Catechism on Baptism, 18mo, *sewed*, | 0 | 1 |
| Bible in Gaelic, 8vo, *strongly bound in calf*, | 7 | 6 |
| Blackie's (Prof.) Language and Literature of the Scottish Highlands, 8vo, *cloth*, | 6 | 0 |
| Book (The), of the Dean of Lismore, a Selection of Ancient Gaelic Poetry, with a Translation and Notes by Rev. Dr. M'Lauchlan, 8vo, *cloth*, 12s. for | 7 | 6 |
| Boston's Fourfold State, 12mo, *cloth*, | 4 | 0 |
| Bonar's (Rev. Dr. H.) Christ is All, 18mo, *sewed*, | 0 | 3 |
| —— God's Way of Peace, | 1 | 0 |
| Buchannan (Dugald) of Rannoch's Life and Conversion with his Hymns, 18mo, *cloth*, | 2 | 0 |
| —— The Hymns, separately, 18mo, *sewed*, | 0 | 3 |
| —— Reminiscences of, with his Hymns, and an English version of them by Rev. A. Sinclair, Kenmore, *cl.*, | 3 | 0 |
| Bunyan's Come and Welcome, 18mo, *cloth*, | 2 | 0 |
| —— World to Come, or Visions from Hell, *cloth*, | 1 | 6 |
| —— Grace Abounding, 18mo, *cloth*, | 2 | 0 |
| —— Pilgrim's Progress (*three parts*), *cloth*, | 2 | 6 |
| —— Water of Life, *cloth*, | 1 | 0 |
| —— Sighs from Hell, 18mo, *cloth*, | 2 | 0 |
| —— Heavenly Footman, 18mo, *cloth*, | 1 | 0 |

|  | s. | d. |
|---|---|---|
| Burder's Village Sermons, 18mo, *cloth*, | 1 | 6 |
| Campbell's (J. F.) Popular Tales of the West Highlands, 4 vols., 12mo, | 32 | 0 |
| Carswell's Gaelic Prayer Book, edited by Dr. M'Lauchlan, 4to, *bound*, 30s. for | 15 | 0 |
| Catechism, Shorter, 1d.    Gaelic and English, | 0 | 2 |
| —— Mother's, 1d.    Gaelic and English, | 0 | 2 |
| Celtic Magazine, in Numbers, Monthly, each | 0 | 6 |
| Church of England Common Prayer Book. Gaelic and English, 12mo, *cloth*, | 2 | 6 |
| Confession of Faith, fcap. 8vo, *cloth*, | 2 | 6 |
| Dàn an Deirg agus Tiomna Ghuill (Dargo and Gaul), with a new Translation, Notes, and Introduction, by C. S. Jerram, | 2 | 6 |
| Dewar's (Rev. Dr) The Gaelic Preacher, Four Sermons in large type, 8vo, | 0 | 4 |
| Doctrine and Manner of the Church of Rome, | 0 | 3 |
| Doddridge's Rise and Progress, 12mo, *cloth*, | 3 | 0 |
| Dyer's Christ's Famous Titles, 18mo, *cloth*, | 2 | 6 |
| Earle's Sacramental Exercises, 18mo, *cloth*, | 1 | 2 |
| Edwards' (Rev. Jonathan) Sermon, *sewed*, | 0 | 6 |
| Forbes' (Rev. J.) Baptism and the Lord's Supper, | 0 | 4 |
| —— An Lochran : Dialogues regarding the Church, | 0 | 6 |
| —— Long Gheal : The White Ship ; a Spiritual Poem, | 0 | 4 |
| Gael (The), a Monthly Gaelic Magazine bound in cloth, for 1873, '74, '75, '76, and '77, each, | 7 | 6 |
| Gaelic First Book, 18mo, 2d. ; Second do., | 0 | 4 |
| Gaelic Melodies, English and Gaelic Words, with Music, *new notation*, | 0 | 6 |
| Gaelic Spelling-Book, 18mo, *cloth*, | 0 | 6 |
| Gaelic Tracts, different kinds, *sorted*, for | 1 | 0 |
| Grant's (Rev. Peter) Hymns, 18mo, *cloth*, | 1 | 6 |
| Guthrie's Christian's Great Interest, 18mo, *cloth*, | 2 | 0 |
| Hall's (Newman) Come to Jesus, | 0 | 6 |
| Harp of Caledonia, Gaelic Songs, 32mo, *sewed*, | 0 | 4 |
| Haughton's " A Saviour for You," | 0 | 2 |
| Highland Minstrel (Am Filidh Gaidhealach), | 1 | 0 |
| Historical Tales and Legends of the Highlands, by Alex. Mackenzie, | 3 | 6 |
| History of the Scottish Highlands, Highland Clans, and Regiments, illustrated with Portraits and Tartans, 2 vols., 8vo, 56s. for | 40 | 0 |
| History of Animals named in the Bible, | 0 | 6 |

|  | s. | d. |
|---|---|---|
| History of Prince Charles, fcap. 8vo, *cloth*, | 3 | 0 |
| Ditto, ditto, *cheap edition, sewed*, | 1 | 6 |
| James' Anxious Enquirer, 12mo, *cloth*, | 1 | 6 |
| Joseph, Life of, by Macfarlane, 18mo, *cloth*, | 1 | 6 |
| Joseph, History of, 18mo, *sewed*, | 0 | 4 |
| Laoidhean Eadar-Theangaichte o'n Bheurla, *cloth*, | 0 | 6 |
| Lessons on the Shorter Catechism and the Holy Scriptures, by Forbes, 18mo, | 0 | 4 |
| Logan's The Scottish Gael, or Celtic Manners of the Highlanders, 2 vols, 28s. for | 20 | 0 |
| M'Alpine's Gaelic Grammar, 12mo, | 1 | 0 |
| Macbean's Elementary Lessons in Gaelic, with a Vocabulary and Key, | 1 | 0 |
| M'Callum's History of the Church of Christ, 8vo, | 4 | 0 |
| —— The Catholic or Universal Church, | 0 | 6 |
| Maccoll's Mountain Minstrel, 18mo, *cloth*, | 1 | 6 |
| Macdonald's (Mac Mhaistir Alistir) Gaelic Songs, | 2 | 0 |
| Macdonald's (Rev. Dr) Gaelic Poems, *cloth*, | 2 | 6 |
| —— Waters of Jordan, 18mo, *sewed*, | 0 | 2 |
| M'Intyre's (Duncan Ban) Poems and Songs, with an English Translation of "Coire Cheathaich" and "Ben Dorain," 18mo, *cloth*, | 2 | 0 |
| M'Intyre (Rev. D.) on the Antiquity of the Gaelic Language (in English), 8vo, *sewed* | 1 | 6 |
| Mackay's (Rob Donn) Songs and Poems, 18mo, | 2 | 6 |
| Mackenzie's (A.) History of Scotland, Eachdraidh na H-Alba, 12mo, *cloth*, | 3 | 6 |
| Mackenzie's Beauties of Gaelic Poetry, royal 8vo, | 12 | 0 |
| —— Gaelic Melodist, 32mo, | 0 | 4 |
| Maclaurin's Sermon, Uaill ann an Crann-Causaidh Chriosd, *sewed*, | 0 | 6 |
| Macleod, Rev. Dr, Sermon on the Life of the late, by Rev. John Darroch, 8vo, *sewed*, 1s. for | 0 | 6 |
| Macleod, Rev. Norman, Caraid nan Gaidheal, 8vo, *half-bound calf, neat*, | 18 | 0 |
| M'Lauchlan's (Rev. Dr) Celtic Gleanings, or Notices of the History and Literature of the Scottish Gael (in English), fcap. 8vo, *cloth*, | 2 | 6 |
| M'Naughton (Peter) on the Authenticity of the Poems of Ossian (in English), 8vo, | 0 | 6 |
| Macneill's Neniae, and other Poems, *cloth*, | 2 | 0 |
| Macpherson's (D. C.) Practical Lessons in Gaelic, for the use of English-speaking Students, *sewed*, | 1 | 0 |

|  | s. | d. |
|---|---|---|
| Macpherson's " Duanaire," a New Collection of Songs, &c., *never before published, cloth,* | 2 | 0 |
| Menzies' Collection of Gaelic Songs, 8vo, *cloth,* | 6 | 0 |
| Mountain Songster, Collection of Original and Selected Gaelic Songs, | 0 | 6 |
| Munro's Gaelic Primer and Vocabulary, 12mo, | 2 | 0 |
| —— Selection of Gaelic Songs, 32mo, | 0 | 4 |
| Ossian's Poems, with an English Translation and Dissertation by Rev. A. Clerk, 2 vols, 8vo, | 31 | 6 |
| Ossian's Poems, revised by Dr. Maclauchlan, *cloth,* | 3 | 0 |
| Ossian and the Clyde : Fingal in Ireland, Oscar in Iceland, by Dr. H. Waddell, | 12 | 6 |
| Ossian's Lyre (Clarsach Oisein), *old and new notations,* per doz. | 1 | 6 |
| Peden's Two Sermons and Letters, 18mo, *sewed,* | 0 | 6 |
| Philipps' Seven Common Faults, translated by Rev. H. Maccoll, 12mo, | 1 | 0 |
| Prayers and Admonitions (series of six, large type), in packets of 2 dozen, *sorted,* | 0 | 6 |
| Prophecies of the Brahan Seer, by A. Mackenzie, | 3 | 6 |
| Psalm Book, large type, 18mo, *bound, gilt edges,* | 2 | 6 |
| —— do., 18mo, *cloth,* | 1 | 0 |
| —— Smith's or Ross's, large type, 18mo, *bd.* | 2 | 0 |
| —— Gaelic and English, on one page, *cloth,* | 1 | 6 |
| Ross's (William) Gaelic Songs, 18mo, *cloth,* | 1 | 6 |
| Sinner's (The) Friend, 12mo, *sewed,* | 0 | 3 |
| Sixteen Short Sermons, 12mo, *sewed,* | 0 | 2 |
| Skene's Celtic Scotland ; a History of Ancient Alban, Vols. I. and II., each | 15 | 0 |
| Smith's (Dr) Sean Dana, with English Translation and Notes, by C. S. Jerram | 2 | 6 |
| Stewart's Elements of Gaelic Grammar, Royal Celtic Edition crown 8vo, *cloth,* | 3 | 6 |
| Sum of Saving Knowledge, 12mo, *sewed,* | 0 | 4 |
| Thomson's (Dr) Sacramental Catechism, *sewed,* | 0 | 2 |
| New Testament for Schools, 12mo, *bound,* | 1 | 0 |
| Job to Ecclesiastes, 12mo, *bound,* | 0 | 6 |
| Proverbs of Solomon, 8vo, *sewed,* | 0 | 2 |

## BIBLES, TESTAMENTS, AND PSALM BOOKS,
### AT VARIOUS PRICES.

www.ingramcontent.com/pod-product-compliance
Lightning Source LLC
Chambersburg PA
CBHW030557270326
41927CB00007B/962